卓越学术文库

U0502419

河南省社会养老服务多元治理路径创新研究

HENANSHENG SHEHUI YANGLAO FUWU DUOYUAN ZHILI LUJING CHUANGXIN YANJIU

河南省高等学校哲学社会科学优秀著作资助项目

张 歌 著

郑州大学出版社

图书在版编目(CIP)数据

河南省社会养老服务多元治理路径创新研究 / 张歌著. -- 郑州 : 郑州大学出版社, 2024. 9. -- (卓越学术文库). -- ISBN 978-7-5773-0622-3

Ⅰ. D669.6

中国国家版本馆 CIP 数据核字第 2024F78Q77 号

河南省社会养老服务多元治理路径创新研究

策划编辑	卢纪富	封面设计	苏永生
责任编辑	吴 静	版式设计	苏永生
责任校对	成振珂	责任监制	李瑞卿

出版发行	郑州大学出版社	地 址	郑州市大学路40号(450052)
出 版 人	卢纪富	网 址	http://www.zzup.cn
经 销	全国新华书店	发行电话	0371-66966070
印 刷	河南文华印务有限公司		
开 本	710 mm×1 010 mm 1 / 16		
印 张	12	字 数	188 千字
版 次	2024 年 9 月第 1 版	印 次	2024 年 9 月第 1 次印刷
书 号	ISBN 978-7-5773-0622-3	定 价	78.00 元

本书如有印装质量问题,请与本社联系调换。

前　言

　　随着人口老龄化程度不断加深,养老服务需求旺盛且市场潜力巨大,然而我国养老服务产业刚刚起步,社会养老服务体系正在逐步完善,养老服务需求与供给之间仍存在不平衡现象。当前社会养老服务主体多元化、筹资多元化、服务多样化等特点决定了社会养老服务多元供给的复杂性。党的二十大报告提出,实施积极应对人口老龄化战略,健全覆盖全民、统筹城乡、公平统一、安全规范、可持续的多层次社会保障体系,表明社会养老服务多元治理体系下的多层次社会养老服务体系建设是重要发展方向。本书以养老服务产业为研究视角探讨社会养老服务多元治理有助于厘清社会养老多元主体的治理逻辑,发展养老服务产业,为我国积极的社会福利政策提供有力支持。

　　本书共分为七章,第一章是绪论,主要论述本书的研究背景和意义、国内外研究现状、研究思路与方法等;第二章是理论分析框架,提出本书的核心概念界定、理论基础及构建的分析框架;第三章是河南省社会养老服务政策概述,主要对河南省社会养老服务政策进行梳理,运用词频语义、政策力度和政策工具三种分析方法进行论证分析;第四章是河南省社会养老服务现状,通过问卷数据和访谈数据详细分析城乡养老服务需求、供给和利用情况;第五章是河南省社会养老服务多元治理实践,主要论述社会养老服务多元主体的治理组织结构、业务流程和供给现状,通过访谈分析多元主体在养老服务供给中的互动治理现状,即养老服务信息精准化程度不高、养老服务产业的关键要素引导性不足、养老服务供需不匹配等;第六章是构建基于养老服务产业发展的河南省社会多元治理模型,分别阐述养老服务产业要素、社会养老服务多元主体,以及多元主体治理机制分析;第七章是基于养老服务产业发展的河南省社会多元治理路径创新的对策建议,在构建基于养老服务产业发展的社会多元治理格局的前提下,提出要完善政府引导的社会养老服务政策支撑、提升市场主导的社会养老服务多元供给和构建技术赋能的智慧养老服务多元治理创新。

目 录

1

第一章
绪　论

第一节　研究背景及意义

《中国统计年鉴》数据显示,2000 年,我国 65 岁以上人口占总人口的比重达 7%,已经符合老龄化标准。经过二十多年的社会变迁,我国的人口结构呈现高龄少子化的态势。人口普查数据显示,2010—2020 年我国老年人口的规模增长了 6%,平均预期寿命由 74.83 岁上升为 77.93 岁,65 岁以上的老年人口占总人口的比例由 8.87% 上升至 13.50%,老年抚养比由 11.9% 上升至 19.7%。截至 2022 年底,我国 65 岁以上老年人口占比达 14.9%,老年抚养比达 21.8%。按照国际通用的老龄化标准,即 60 岁以上人数占总人口 10% 或 65 岁以上占比 7%,我国已然进入中度老龄化社会。

河南省作为中国的人口大省,从人口普查数据来看,2020 年的常住人口有 9941 万人,其中 65 岁以上老年人口占全国老龄人口的 7.03%。2010—2020 年河南省的社会老龄化程度与全国水平的差距在 0% ~ 1.3% 浮动,2020 年更是缩小到 0.03%,说明河南省的老龄化程度加深速度极快。从老年人口地区分布来看,城市的老龄化水平低于农村老龄化水平。① 根据

---

① 刘林曦.“十四五”时期人口老龄化发展态势与养老服务政策研究:以人口大省河南省为例[J].价格理论与实践,2021(6):30-34.

《河南省"十四五"公共卫生体系和全民健康规划》,2020年河南省的人均预期寿命达到77.9岁,老年人口规模扩大、预期寿命延长意味着社会养老服务供给迫在眉睫。正如图1-1所示,老年人口抚养比和少年儿童抚养比的差距呈现不断缩小的趋势,老龄化水平持续稳步上升,这表明河南省养老服务需求在当下和未来都将处于不断扩大的态势,然而,老年抚养比的快速攀升将会给养老服务供给数量与质量带来巨大挑战。

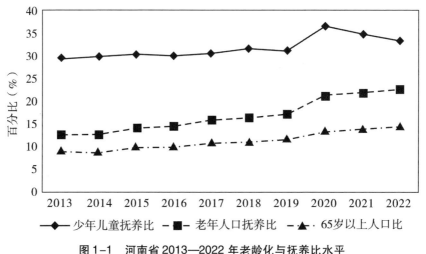

图1-1　河南省2013—2022年老龄化与抚养比水平

数据来源:《中国统计年鉴》数据。

人口老龄化改变了家庭养老的代际交换模式,催生了养老服务社会化。然而,面对巨大的多样化的养老服务需求,如何实现有效的养老服务供给是社会经济发展的重要议题。研究当前河南省的社会养老服务需求与供给现状,从养老服务产业发展角度构建社会养老多元治理路径,为河南省实施积极的人口老龄化战略、健全多层次社会保障体系提供有益参考。

一、研究背景

(一)养老服务的潜在需求旺盛且市场潜力巨大

人口老龄化是全球社会经济发展的重要阶段,也是全世界各国人口结构变化逐渐趋同的重要特征。中国的人口老龄化时间比西方发达国家进入的晚,但速度很快,以老龄化水平从7%至14%所用时间进行比较,法国用了

126 年,瑞典用了 85 年,美国用了 72 年,英国用了 46 年,德国用了 40 年,日本用了 24 年,而中国仅仅用了 21 年。《中国发展报告 2020:中国人口老龄化的发展趋势和政策》显示,中国老龄化趋势不可逆转,老龄化程度持续加深。预计中国人口老龄化将在 2035—2050 年迎来高峰,届时中国 65 岁及以上的老年人口将达 3.8 亿,60 岁以上的老年人口将近 5 亿。党和国家高度重视养老问题,2019 年 11 月,中共中央、国务院印发了《国家积极应对人口老龄化中长期规划》,这是从现在起到 21 世纪中叶我国积极应对人口老龄化的战略性、综合性、指导性文件。从国家层面编制应对人口老龄化的中长期规划,具有未雨绸缪、纲举目张之深远意义。

　　庞大的老年群体对养老服务产业有着巨大的现实需求,国务院及各部委相继发布了一系列文件规范支持养老服务的发展。2019 年 3 月,国务院办公厅颁布了《关于推进养老服务发展的意见》,该政策对养老服务业发展各个环节进行了细化,深化放管服改革,拓宽养老服务融资渠道,扩大养老服务就业创业,扩大养老服务消费,促进养老服务高质量发展,促进养老服务基础设施建设。同年 9 月,民政部印发了《关于进一步扩大养老服务供给促进养老服务消费的实施意见》,提出要有效供给养老服务,优化养老服务市场的营商和消费环境,进一步加强对养老服务消费支撑保障从而培育养老服务消费新业态。针对提供养老服务的机构,各部委相继颁布《关于加快发展养老服务业的若干意见》《关于养老机构内部设置医疗机构取消行政审批实行备案管理的通知》,为养老服务产业市场化发展清除障碍。截至 2023 年三季度,全国各类养老机构和设施总数达 40 万个、床位 820.6 万张。民政部的数据显示,截至 2020 年年底我国智慧养老服务产业规模已突破 4 万亿元,智慧养老、医养结合成为养老服务产业发展的主要方向。清华大学互联网产业研究院前瞻产业研究院预计智慧养老服务产业市场规模到 2027 年将突破 16 万亿元。

(二)养老服务的代际外部性问题凸显

　　传统的养老服务通过家庭内部的代际赡养实现供需平衡,然而在人口老龄化社会,家庭养老的子女代际赡养转向社会养老的接力代际支持。不同于基于血缘亲缘关系的养老服务供给,接力型社会的养老服务代际支持,是由当期处于劳动年龄的青壮年群体向老年群体提供居家生活、医疗健康、文化娱乐、安宁疗护和精神慰藉等服务照料,以达到满足老年群体的晚年生活需求,提升其幸福感。

依据经济学的外部性理论,传统家庭养老的代际赡养双方是有着极强利益关联的主体,子代对父代的赡养来自早期父代对子代的哺育,这种双向代际交易完美地配置了养老成本与收益,然而,接力型社会的代际支持只呈现单向的代际交易,并且养老服务的需求方与供给方是不相关的利益主体,使得养老服务具有明显的代际外部性问题。养老服务需求方是不具备劳动能力、处于退休年龄的老年群体,养老服务供给方是具有较强劳动能力、处于劳动年龄的青壮年群体,两个群体在经济能力、健康状况、预期寿命等方面都有着较大的差异,这就造成了老年群体作为需求方,很难对其在现期内消费的养老服务提供完全对等的补偿支付,而作为供给方的青年群体却不得不承担代际转移的养老服务成本。①

目前我国已经建成世界最大的社会保障体系,作为重要的收入再分配制度,社会保障中的基本养老保险制度覆盖近10亿人。并且,针对经济困难的高龄、失能老年人的高龄津贴也实现了全国省级覆盖;养老服务补贴制度,老年护理补贴制度也得到了不同程度的健全与完善。这些养老服务制度和措施有效地保障了老年人的晚年生活,减轻了其自身的养老负担。但由于我国人口老龄化日益加深,国家养老保障支出不断增加,养老保险基金收益有限,国家财政面临着巨大的压力。人社部统计数据显示,全国2013—2022年城镇职工基本养老保险基金结余虽然处于明显的逐年递增状态,但增长率却呈现下降趋势(见图1-2)。可以预见,我国基本养老保险基金结余年增长率逐渐降低将最终导致赤字的出现。此外,《中国养老金精算报告2019—2050》显示,城镇职工基本养老保险基金将于2027年达到峰值6.99万亿元,随后持续下降,在2035年可能会出现赤字。②

① 孙海婧.养老服务代际外部性及其治理.广东社会科学[J].2020(3):44-52.
② 陈友华,张子彧.延迟退休对老年人口福利水平的影响研究[J].现代经济探讨,2020(12):24-32.

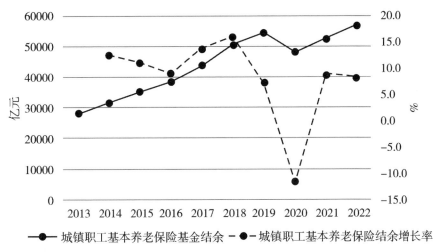

图1-2 全国2013—2022年城镇职工基本养老保险结余及增长率

数据来源:《中国统计年鉴》数据。

(三)我国养老服务的多元共治局面尚未形成

自中华人民共和国成立以来,我国对养老服务的治理在不同的时期表现出不同的治理逻辑与时代特征。改革开放之前,养老服务的供给责任基本上由国家来承担,城镇职工及其家庭的养老服务供给由所在单位负责,特殊群体(农村"五保户"、城市"三无"老人等)则由国家采取建立公办敬老院的形式提供养老服务。改革开放后到20世纪末,随着国家放开对市场的管制,重视市场优化资源配置作用的发挥,养老服务的治理局面也随之发生变化。随着国有企业改革的不断深入,企业职工的养老服务供给责任由单位转向社会,社会化养老服务开始出现,然而特殊老年群体的养老服务供给仍由政府承担,其他老年群体则由政府更多地通过鼓励社会力量的参与来实现对其养老服务的供给。这一时期社会力量很弱小,市场机制不健全,难以很好地承接由政府转过来的养老服务供给任务。自2000年以来,随着社会福利社会化等一系列政策的出台,我国养老服务多元治理的特征愈加明显。通过对时代特征的总结,大致划分为三个阶段:第一阶段是"国家总揽的计划管理"(1949—1978年);第二阶段是"社会介入的市场探索"(1978—2000年);第三阶段是"共同参与的多元治理"(2000年至今)。

1. 国家总揽的计划管理阶段

这一时期政府统包统揽所有社会事务的管理,养老服务的供给与其他公共服务的管理方式一样,自上而下通过强制性的行政力量推行养老服务政策落地,提供的养老服务类型单一化。从当时的时代背景来看,城镇职工及其家庭的养老服务由所在单位负责提供,农村"五保户"、城镇"三无"老人等特殊老年群体,政府通过举办敬老院进行养老服务供给。这种较为粗放式的养老服务管理方式契合当时的社会发展需要,但也暴露了供给低效等弊端。

2. 社会介入的市场探索阶段

随着改革开放的程度加深,市场在资源配置中的作用愈发明显,养老服务的管理由原本的政府垄断向市场供给转型。结合当时的时代背景,一方面,国有企业改革程度日趋加深,大量国有企业工人的养老服务供给方已经由单位转向了社会;另一方面,在社会福利观念的影响下,社会化养老服务组织进入萌芽发展状态。在这个阶段,政府仍然承担特殊老年群体的养老服务提供,而对于其他群体的养老服务需求,政府鼓励社会组织和市场主体进行市场化供给。此时期,迅速人口老龄化带来的巨大养老服务需求,与养老服务供给的市场机制不健全,再加之政府逐渐退出养老服务供给,导致了养老服务供需矛盾。

3. 共同参与的多元治理阶段

不同于市场探索阶段,养老服务作为公共服务领域的重要内容,得到了政府的重视,并展开了一系列的政策举措。一方面,政府对养老服务的提供进行了规划和布局。尤其是在 2010 年后,国家密集出台了多项与养老服务相关的政策文件,比如,《国务院关于加快发展养老服务业的若干意见》(2013)、《国务院办公厅关于全面放开养老服务市场提升养老服务质量的若干意见》(2016)、《国务院关于印发"十三五"国家老龄事业发展和养老体系建设规划的通知》(2017)、《国务院办公厅关于推进养老服务发展的意见》(2019)等,这些文件为我国养老服务体系的建设与发展指明了方向。另一方面,政府通过购买服务等方式积极引导营利机构、非营利机构、社会组织等非政府主体充分介入养老服务,推动养老服务产业化、养老社区化、养老社会化,不断丰富养老服务的提供模式。这一时期养老服务呈现多元治理格局,即政府、市场与社会共同参与养老服务供给。虽然社会化养老组织获得了一定程度的发展,但面临着资金缺少、专业服务人员缺乏、服务种类多样化不足、服务质量较低等问题。

总体而言,当下的养老服务供给水平不高,存在有效需求与有效供给均不足的供求结构性矛盾,并且,政府、市场、社会与家庭等多元主体进行养老服务供给的合作协同机制不成熟,仍需继续推进养老服务的合作治理,厘清多元主体的协同供给机制。

二、研究意义

(一)理论意义

推进老龄社会的治理现代化是国家治理体系和治理能力现代化的重要组成部分。养老服务多元治理模式改变了传统以政府为主导的管理方式,政府、市场、社会与家庭等多元主体之间如何协同合作构建多元共治体系,是化解人口老龄化风险、积极实施应对人口老龄化战略的有效路径。因此,本书以养老服务产业为视角,构建社会养老服务多元治理的分析框架,从系统治理的层面构建养老服务多元治理格局,探究养老服务产业发展的可持续性,有利于形成河南本土化的社会养老治理理论,对构建中国特色的社会养老服务供给体系具有借鉴意义。

(二)现实意义

我国的养老现状是未富先老与未备先老,那么,如何平衡社会养老与经济发展的关系以实现积极的社会养老福利政策是当前国家亟待解决的现实问题。因此,本书以养老服务产业的发展作为切入点,以河南省养老服务供需以及多元治理实践现状为样本,尝试为社会养老服务多元治理路径创新提出可操作性的对策措施,为河南省的民生事业发展与政策供给提供有力支持,对创新养老服务产业的发展模式具有典型的实践意义。

第二节　研究综述

一、国外研究现状

(一)养老服务中的福利多元主义

福利多元主义最早出现于《沃尔芬德的志愿组织未来报告》一书中[①],它是20世纪70年代社会政策领域对社会福利制度的理性反思。该理论的典型阐述是罗斯提出的国家、市场和家庭构成的福利三角范式的"三分法"[②]和约翰逊提出的国家、市场、家庭和民间组织组成的"四分法"[③]。这两种方法划分的依据都是福利提供主体,其共同点都认为福利的来源应该多元化,资金的筹集、服务的递送和规则的制定不应只是国家的责任,还可由非营利组织、社区、志愿者等多元福利部门共同参与提供,从而构成一个多元福利供给网格体系。同时,福利多元主义还强调分权化,主要是指政策制定、服务传递和资源分配的分权化,不仅有中央政府权力向地方政府的转移,也意味着地方政府的权力向社区的转移[④]。

在养老服务领域,福利多元主义的四分法中考虑了养老服务的公益属性,将非营利性组织或志愿组织纳入福利多元分析,并区分了经济市场和社会市场。社会养老服务的市场化催生了养老服务产业,其持续性发展既需要政府的财政政策支持,采用公私合营的 PPP 项目方式,又需要与社区治理

---

① J. Wolfenden. The Future of Voluntary Organizations：Report of the Wolfenden Committee[M]. Croom-Helm,London,1978.

② Rose R. Welfare. The Public/Private Mix. In S. B. Kamerman & A. J. Kahn(Eds.) the Welfare State [M]. Princeton：Princeton University Press,1989.

③ Jonson N. The Privatization of Welfare[J]. Social Policy & Administration,1989；17－30.

④ Jonson N. Welfare Pluralism：Opportunities and Risks. In A. Ever &I. Svetlik(Eds.) Balancing Pluralism：New Welfare in Care for the Elderly[M]. Aldershot：Avebury,1993.

相互融合。传统的养老服务提供形式是机构养老,在人口老龄化不断加深的背景下,"去机构化"成为养老模式的主要选择,而社区和家庭所提供的社区居家养老服务与福利多元主义强调的分权提供养老服务的理念完全契合。随着志愿组织与非营利组织的发展完善,社会组织的养老服务供给作用日益凸显,社会组织作为第三部门能够更有效地提供公共服务①。在此背景下,为了向老年人提供便捷高效的养老服务,满足多样化的养老服务需求,政府开始尝试通过购买或委托等方式将养老服务的供给交由具备资质的第三方组织进行。美国、德国作为两个崇尚"小政府、大社会"的国家,就非常注重非营利组织在养老服务领域中发挥的作用。美国注重发挥志愿者的作用,强调互助。而德国有半数以上的养老服务是由非营利性组织提供的。②

(二)多元主体治理下的养老服务供给

20 世纪中期,以芬兰、美国、日本为代表的发达国家为了应对福利危机,纷纷进行了养老模式改革。各国根据自身的实际情况形成了不同的养老服务供给模式。

1. 突出市场机制

法国作为较早进入人口老龄化行列的国家之一,很早就开始了养老服务模式的探索。在 20 世纪中叶法国就采取了"政府+协会"的模式,引导市场机制发挥作用,然而,由于协会的专业性不足,服务价格过高,养老服务市场出现了较为混乱的情况。在 20 世纪末期,政府对养老服务企业制定税收减免政策,为老年消费者提供财政补贴,对专业服务人员进行培训,以此形成政府引导市场发挥作用来增大对居家养老服务供给的力度。英国的养老服务模式以竞争契约的方式激励社会组织承担养老服务供给。由政府建立招投标制度,对中标的机构提供资金支持,并对机构运营过程中各个环节进行监督,一旦发现有违反合同规定的现象,就要由相关部门追究其相应的法

---

① J. Wolfenden. The Future of Voluntary Organizations: Report of the Wolfenden Committee[M]. Croom-Helm,London,1978.

② 董溯战. 德国、美国养老社会保障法的比较研究——以国家、社会和市场为视角[J]. 宁夏社会科学,2005(2):58-62.

律责任。英国政府以委托购买的方式通过营利性养老服务机构提供日间照料、上门护理等服务,深入开展养老护理服务。

2. 强调社会组织作用

美国的养老服务模式奉行"小政府、大社会"的治理理念,社会群体不能过度依赖政府,将养老服务供给责任下沉到社区。同时注重培育以非营利性组织为代表的第三方,发挥社会组织的自身能动性,重视志愿者在养老服务供给中的作用,激励志愿者组织来承担养老服务的具体事务,提出以老助老的模式。

3. 实施服务精准化

芬兰作为典型的发达的老龄化国家,其养老服务体系又被称为"精准的养老服务体系",养老服务的精准化体现在建立了系统的养老服务需求、供给、管理、支持体系以便实现精准的识别服务需求、服务供给、服务管理和服务支持功能。芬兰政府注重通过非营利组织提供志愿服务,利用专业的第三方评测机构来对老年人进行健康监测。并且,积极推进智能适老化改革以便捷老年人的生活,为每一位老年人提供了智能穿戴设备和电话报警专线,在老年人有需求的情况下,可通过与通信设备的交互和监控中心保持联系,监控中心能够根据实际情况进行研判行动。

4. 重视政策先行

日本作为亚洲老龄化程度较高的国家,在 2019 年年底就已经进入了超老龄社会,经过近半个世纪的探索,日本建立了较为多元的融合发展的养老服务产业体系,主要是为居家养老的老人提供多样的健康养老服务产品、借助社区成立多功能的产业群,以及大力推进医养结合模式,增加传统养老机构的医疗康复功能。日本非常注重开发种类繁多的老年用品,特别是在养老护理员紧缺的压力下,许多养老机构引进了监护系统,部分厂商生产了电子宠物机器人。日本的养老服务产业长足发展得益于制定了大量的完善的养老服务相关立法与政策。如被称为"新黄金计划"的《新老年人保健福祉推进十年战略》进一步推动了养老保健事业的发展;旨在规范介护行业的《介护保险法》;缓解老龄化现状的《继续雇佣制度》。在实际的工作中,日本政府在省地方各级政府分级建立了福利事务所、老人保健福利部、保健所等部门,同时强调要开展村各级政府负责的居家护理服务。

二、国内研究现状

我国的养老服务研究源起于 20 世纪 90 年代,韩烨等将我国的养老服务研究划分为四个阶段:制度初建阶段、明确方向阶段、精细发展阶段、融合发展阶段。我国的社会养老服务多元化供给研究是建立在未富先老、市场经济体制不够完善的国情基础上,因此,发展养老福利需要考虑经济的发展,应当采取积极的福利政策来看待养老福利问题[①]。社会养老的核心问题是养老服务的社会化供给,国内的研究集中在以下三个方面。

(一)养老服务的供给模式

在供给模式上,研究成果集中在构建以居家养老模式为基础的社会养老服务体系来阐述社会养老服务的多元化供给。我国的社会养老服务体系建设是以居家为基础,社区为依托,机构充分发展、医养相结合的多层次的养老服务体系。然而,在具体社会养老实践中,养老服务供给结构和质量均出现失衡,大量的社会化养老服务供给在机构养老,社区居家养老服务很少或几乎没有[②],养老服务需求旺盛但供给少且质量不高,这其中的原因:一是缺乏对养老服务产业发展的科学研判,定位不准,产业布局不合理;二是社会资源的整合能力较弱,涉及养老服务的政府部门较多,且相互之间缺乏有效的沟通,没有形成合力;三是缺乏细致的政策规定,养老服务产业发展缺少中长期规划,尤其是老龄市场的培育计划;四是缺乏对养老服务人才的系统化专业化培养。养老服务行业的门槛较低、待遇差、社会评价较低、人员流动性强,是造成养老服务类型单一化的原因。

(二)养老服务的供给水平

在供给水平上,研究成果聚焦在通过养老服务产业来探寻社会养老服务多元化供给的困境。当前养老服务的供需结构错位,供给质量和效率偏

---

① 林闽钢.中国社会福利发展战略:从消极走向积极[J].国家行政学院学报,2015
(2):73-78.

② 桂雄.当前我国社会养老服务体系建设存在的问题和建议[J].经济纵横,2015
(6):100-103.

低,民营养老服务机构空置率较高,亏损已成为常态,并且养老服务产品缺乏创新,精准化供给的养老服务市场尚未形成,养老服务产业链处于低端导致整体规模小①,需要通过建立包含产业环境、市场需求、产业基础、产业模块化、产出效应等养老服务产业的逻辑发展链条,完善市场机制来实现养老服务的产业化和品牌化②。从养老服务供给实践看,养老服务市场化程度低、缺乏专业人才是制约养老服务产业发展的主要障碍③。发展养老服务产业需从供给侧发力,对接供需,激活社会资本,充分激发市场活力,利用互联网技术转变养老服务供给方式④⑤。

(三)养老服务的供给治理

在供给治理领域,研究成果主要呈现在提出社会养老服务多元治理的对策上。

1. 政府定位

学者们普遍认为社会化养老服务涉及多元主体的共同治理,应当建立政府、家庭、企业和社会组织多元治理框架,实现养老保障制度与服务的整合⑥,进而可以形成政府、投资者、服务机构、从业人员和老年人多方共赢、健康发展的养老服务产业化发展道路⑦,在这一过程中,政府要转变"自上而下"运用行政力量推行养老服务供给的模式,逐渐形成"自下而上"的自主选

---

①　张园.供给侧改革下养老服务产业化运行机制研究[J].经济研究参考,2018(32):71-79.

②　邓子纲,雷俊.失能老人长期照护体系建设及产业化的三个维度[J].社会保障研究,2014(4):44-49.

③　曹立前,尹吉东.供给侧改革下养老服务业发展研究[J].河北大学学报(哲学社会科学版),2018,43(1):105-111.

④　郭丽娜,郝勇,吴瑞君."互联网+养老服务":O2O模式的养老服务供需平台构建[J].电子政务,2016(10):17-24.

⑤　张博,韩俊江."互联网+"下智慧健康养老服务研究[J].宏观经济管理,2018(12):40-44.

⑥　丁建定.作为国家治理手段的中西方社会保障制度比较[J].东岳论丛,2019,40(4):27-33,193.

⑦　王桥.我国养老服务业发展进程、存在的问题及产业化之路[J].湘潭大学学报(哲学社会科学版),2015,39(6):29-32.

择模式,政府要为企业和老年人做好管理服务工作,最大限度地壮大养老服务市场①。

2. 市场主导

养老服务机构面对不同老年人的健康需求,采用多元化的产业融合模式。比如,医疗服务与养老服务相融合,推行医养结合,满足老年人日益增长的护理和保健需求。在缓解医疗资源紧张的同时,也可通过医院诊疗收入,推动养老机构的发展,提高老年人的养老质量。还可以推出旅游服务和养老服务相融合,提倡休闲养生养老服务模式,满足老年人优质养老的需求②。

3. 社会参与

加大社会力量和民间资本的参与程度,调动社会资本参与养老服务的积极性,需要进一步完善政府的政策支持,并给予其合理的经济利益回报③;重视养老服务人员的专业技能培训,可通过开展职业认证或职业教育的手段进行养老服务专业人才选拔,确保养老服务人员的职业素养和技能水平。发展义工志愿者服务队伍,提高养老服务人员的职业地位,在社区工作人员的职业技能的规范性和专业性等方面下功夫,提高养老服务的专业化和职业化水平④。

4. 合作治理

政府在多元主体治理框架中处于引导角色,激励市场主体加快产业融合提供多样化养老服务,激励社会力量参与扩大养老服务供给规模,发展非营利性志愿组织来体现养老服务的公益性特点。根据供需平衡原理,养老服务多元主体的合作治理就是要促进养老服务的有效供给与有效需求形成

---

① 边恕,黎蔺娴.积极老龄化视角下的我国多维养老服务体系研究[J].辽宁大学学报(哲学社会科学版),2019,47(2):83-91.

② 杨武.新时代养老服务产业发展机遇及对策研究[J].当代经济管理(7):86-90.

③ 黄闯.社会资本参与养老服务发展的动力机制、实践逻辑和路径优化[J].学习与实践,2017(1):96-103.

④ 张新生,王剑锋,张静.我国养老服务产业转型和优化发展的思考[J].湖南科技大学学报(社会科学版),2015,18(3):111-115.

平衡,因此,要摒弃已有治理对策在治理理念、治理认知力、治理能力、治理方式等方面的制约①,积极推动养老消费品牌化、安全化发展,培养积极的养老消费意识,营造放心可靠的养老服务消费体系②。在具体实践中,要建立起以社区为中心的养老服务供给体系,形成多元主体之间的"合作治理"模式③,搭建养老服务创新型平台,整合社区医院与大型医院资源,加强社区医院和养老机构的合作、通过 PPP 模式实现政府引导与市场主导④,大力引入社会力量,发挥企业等营利组织和非营利组织的合作机制⑤,实现共治共享的社区建设⑥。

三、研究述评

综合来看,学界对于社会养老服务供给的研究,大多遵循福利多元主义的研究范式,国外文献从政府、市场、社会、家庭各主体在社会养老服务供给中的角色定位,凸显了不同国家的特色;国内文献从养老服务供给的实践分析供给模式、供给水平与供给治理,大体勾勒出政府、市场、社会、家庭多元主体的治理格局,从中也窥视出我国社会养老服务的供给困境与痛点,有一定的深度。但仍有不足,具体体现在以下三方面。

一是现有文献主要针对养老机构开展多元化服务供给的研究,面向社区居家养老服务多元化供给的研究较少,无法形成有效的社会养老服务的供给体系。

---

① 伍小兰.社会治理视角下养老服务发展路径[J].中国社会工作,2020(20):24-25.

② 孔微巍,郭宇航.我国养老消费的现状、问题与对策[J].人民论坛·学术前沿,2020(24):116-119.

③ 赛明明,张洋洋.行动主义视野下居家养老合作治理模式的路径选择:以北京市为例[J].重庆理工大学学报(社会科学),2018,32(9):93-101.

④ 郝涛,徐宏,岳乾月,等.PPP 模式下养老服务有效供给与实现路径研究[J].经济与管理评论,2017,33(1):119-125.

⑤ 王顺冬,张桂蓉.城市社区养老服务存在的问题及对策研究:基于湖南长沙市的实证分析[J].职业圈,2007(12):8-9,21.

⑥ 林闽钢,尹航.走向共治共享的中国社区建设:基于社区治理类型的分析[J].社会科学研究,2017(2):91-97.

二是现有文献探讨了社会养老服务供给主体及其之间的关系,但缺乏从整体系统的治理层面①研究相应的作用机制来提升社会养老服务多元化供给的效率,提出对策往往比较空泛,可操作性不强。

三是现有文献探讨了养老服务与经济发展之间的关系,但在具体实践中缺乏实证数据和深层次的可操作措施来增加社会养老服务多元化供给的效益。

第三节　研究思路及内容

一、研究思路

本书的研究思路从养老服务产业发展的逻辑起点——养老服务供求均衡出发,理顺养老服务产业发展的内在逻辑,解决当前养老服务产业的发展困境,从养老服务供给方实现养老服务的供求种类、结构和质量的均衡。养老服务产业的发展需要市场、劳动力、资本和技术,同时也需要社会组织,这是养老服务的公益性属性所决定的(见图1-3)。本书以养老服务产业为视角研究社会养老服务在需求、供给和评价三个环节中多元主体的互动机制,通过建立社会养老多元主体的互动模型,并进行理论分析;而后通过问卷调查、重点案例调查和深度访谈,分析影响各主体间互动机制的关键因素,并验证互动机制的工作原理;最后构建社会养老多元治理的创新体系促进养老服务产业的大发展。

---

① 胡湛,彭希哲.应对中国人口老龄化的治理选择[J].中国社会科学,2018(12):134-155,202.

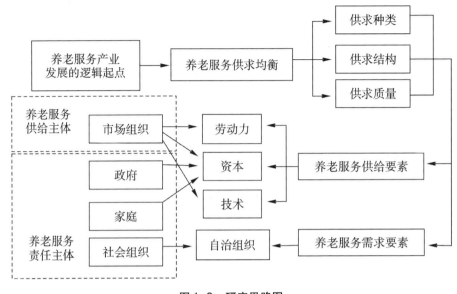

图1-3　研究思路图

二、研究内容

本书的研究内容安排如下。

第一章是绪论。主要论述本书的选题背景和选题的理论意义与现实意义。

第二章是社会养老服务多元治理的理论分析框架。主要界定本书所研究的核心概念,以及所要运用的理论基础和用于论证的分析框架。

第三章是河南省社会养老服务政策概述。主要梳理河南省政府发布的关于养老服务事业与养老服务产业的相关政策,并进行关键字提取,进行频度和力度分析,探究养老服务产业的政策工具运用情况。

第四章是河南省社会养老服务现状。根据调查问卷,分析河南省社会养老服务的需求种类及分布情况、河南省社会养老服务供给与利用情况。

第五章是河南省社会养老服务多元治理实践。根据实地走访和调研访谈,分析河南省社会养老服务多元治理架构,以及多元主体之间的互动治理实践。

第六章是构建基于养老服务产业发展的社会多元治理模型。主要进行养老服务产业要素分析、社会养老服务多元主体分析和社会养老服务多元主体治理机制分析。

第七章是基于养老服务产业发展的河南省社会多元治理路径创新对策建议。分别从政府、社区组织和市场三个主体探讨社会养老服务多元治理格局,在对策建议方面,从完善政府引导的政策支撑、提升市场主导的多元供给和强化技术赋能的智慧养老服务多元治理创新三个方面提出多元主体的治理路径创新。

第四节　研究方法

一、问卷调查与结构式访谈法

本书调研数据中的农村部分来源于 2021 年组织实施的"中国农村养老服务"河南地区的问卷调查。调查主要采取分层随机抽样方法,选取商丘虞城、漯河郾城、平顶山汝州三地进行实地调研,每个地区选取 400 个样本,经过一对一的数据访问、录入、清洗、删减,最终获得 1046 个有效样本。城市部分来源于 2020 年与 2021 年调查走访郑州市与开封市的部分社区,获得有效调查问卷 240 份。本书的结构式访谈重点选择河南省郑州市、开封市的部分养老社区,访谈涉及的群体有民政局相关领导与工作人员、街道办事处负责人、社区工作人员、智慧养老中心工作人员、社区日间照料中心看护人员、养老机构护理人员、高端养老地产相关人员、老年群体等,探讨社区养老服务供给在社会多元主体之间的协同机制,以及养老服务产业发展的多元治理方案。

二、规范与实证分析法

通过对多元主体参与的养老服务供给治理的基础理论分析,并根据相关理论的分析机理,构建本书的理论分析框架,对研究内容的归纳与分析属于规范分析方法的定性研究。实证方法的定量分析则从数据方面真实反映河南省社区养老服务的需求与供给现状,通过深层次的剖析,从而理顺政府、社会、市场三方主体对养老服务产业的治理逻辑,进而发现在这一过程中出现的问题与原因,从而提出建设性对策建议。

第二章
社会养老服务多元治理的理论分析框架

第一节　相关概念界定

一、社会养老服务

在学术研究中,"养老"主要指的是,为 60 岁及以上的老年人提供生理、心理等方面的照料服务。社会养老服务就是在养老概念基础上进一步的具体和明确,社会养老服务是不同供给主体将不同内容、质量和价格的养老产品或项目,以不同方式配送到不同需求老年群体的过程,是针对老年群体特定的社会需求提供针对性养老供给或服务的过程①。需要指出的是,社会养老服务发展的根本性原则是向有需求的老年人提供服务。

不同状况的老年人,所需要的养老服务也不尽相同,所需要的提供主体也不同。从社会养老服务需求的角度进行分类,第一种是选择居家养老,主要是由子女负担晚年生活;第二种是选择由社区机构提供的社区养老,由社区组织统一照料安排晚年生活;第三种是选择机构养老,由具备资质的相关机构进行养老服务。

---

① 席恒.养老服务的逻辑、实现方式与治理路径[J].社会保障评论,2020,4(1):108-117.

从养老服务的供给角度来看,可按照服务的水平层次进行划分。第一层次的养老服务主要是基本生存生活保障,属于福利服务,营利不是主要目的;第二层次的养老服务面向大众,兼顾福利与营利的特点;第三层次的养老服务是高端养老服务,主要是迎合高收入老年人的高质量的养老服务需求,市场化程度较高,利润空间较大。

从社会养老服务的提供主体来看,营利组织和非营利组织都以市场机制供给养老服务,但是其资金来源有所不同。非营利性养老服务机构的资金大多来自政府,多是政府购买养老服务的承担者,其提供的养老服务大多是公益性的保障基本生存生活需要的养老服务,服务对象是满足政府规定的特殊困难老年群体。而营利性养老服务机构的资金来自社会投资,以营利为目的,其提供的养老服务类型多样化,随着市场需求的变化而发生变动,服务对象是最大多数的老年群体。[①]

二、养老服务产业

养老服务产业产生于养老服务市场,其内涵是围绕养老提供服务或产品的行业总和,其范围涵盖与之相关的产业链和产业集群,其运行方式是由服务供给方为老年人提供服务产品,在市场上实现等价交换,从而盈利维持产业的发展。养老服务产业是很多领域的集合,按照不同的服务方式分类,可以分为,为老年人吃穿住行提供服务的养老住宅、养老用品、养老护理服务、卫生保健、金融服务、商业保险、文教咨询、情感慰藉等。从服务的层次上看,养老服务产业是由支柱行业、配套行业和周边行业三种集合在一起而成的。其中,第一种支柱行业由养老服务的住宅地产、医疗护理、老年用品行业等组成,是从老年人晚年生活所必需的基本市场需求中抽取出来的要素来立足的产业;第二种配套行业则是作为养老服务产业链中支柱行业的补充存在的,为支柱行业提供配套产品,或是原料或是成品,比如保健品行业、药品行业、辅助器械行业等;第三种周边行业则是由服务对象深层次的情感或是心理、享受服务的需要伴生而来的,如金融保险服务业、再教育

---

① 郭林.中国养老服务70年(1949—2019):演变脉络、政策评估、未来思路[J].社会保障评论,2019,3(3):48-64.

和培训产业、文化娱乐产业和旅游产业。

综合已有研究成果,可从广义与狭义两个方面对养老服务产业的概念进行界定。广义来讲,养老服务产业是满足老年人生活需求的产业总称,包括助老产品的制造与售卖、老年照料护理、医疗保健、老年文化教育、旅游休闲、金融服务、法律支援等多个产业在内的新兴产业集群。狭义而言,养老服务产业是指提供养老照料护理服务的产业总称,也就是本书所研究的养老服务产业,其外延包括为机构或居家老年人提供饮食、起居、清洁、卫生、心理慰藉等日常生活的照料服务,以及提供疾病预防、保健、康复、照护活动的医疗护理服务等内容。而作为提供服务的养老服务产业组织,是指在养老服务产业中提供照料护理服务的养老机构。目前在中国具有经营性的养老机构的范围包括养老院或老人院、老年公寓、护养院、敬老院、托老所、老年人服务中心等传统养老机构形式,以及日间照料中心、养老照料中心、养老驿站、长者照护之家、幸福院等各地出现的新兴养老机构形式。①

三、多元治理

多元治理是在治理的基础上进行的丰富和创新。"治理"一词于20世纪90年代在西方社会学界开始流行。鲍勃·杰索普认为,治理重新具有生命力的现实原因是当时普遍的"二分法"无法有效而准确地描述快速变化的时代,遭遇了所谓范式危机,而治理概念的出现对"非此即彼的二分法是批判更是补充"②。党的十九届四中全会做出了推进国家治理体系和治理能力现代化的重大部署,将提升"治理效能"作为要求。因此,在我国基本实现社会主义现代化的历史任务期内,治理理论成了解决公共问题的规范性思路。"多元"一词即意味着单一权威向多中心的转变,其核心在于政府与市场、社会、民众多元主体进行互动合作,发挥各自的优势和效能,实现公共利益的最大化。

---

① 杨立雄,余舟.养老服务产业:概念界定与理论构建[J].湖湘论坛,2019,32(1):2,24-38.

② 鲍勃·杰索普.治理的兴起及其失败的风险:以经济发展为例的论述[J].国际社会科学杂志(中文版),1999(1):31-48.

因此,多元治理打破传统的公民与社会、公共部门与私人部门等两分法思维特征,指出有效的管理是多元主体之间的合作与互动的过程,表现为治理主体多元性、治理手段多样化、治理目标多元化。此外,多元治理还要改变传统管理机制单一的从上而下运行方向,形成横向运行过程以及上下互动机制。多元治理形成了网络合作结构,即政府与多元主体平等协商、相互配合地完成社会公共事务的治理,其活动方式不同于以往的政府主导的治理模式。多元治理方式有利于社会利益的表达和综合,有利于公共政策的制定和执行,有利于社会公共问题的解决和处理。①

社会养老服务多元治理是养老服务多元主体,即政府、市场、社会、家庭,相互合作协同供给高质量的养老服务,以更好地满足老年群体多样化的养老服务需求,进而实现养老服务的供需平衡。在此过程中,以提供养老服务为核心内容的养老服务产业的利益相关者应相互作用以形成独特高效的多元治理体系,其关键是形成多元治理下的供给机制、运行机制和需求表达机制。②

第二节　理论基础

一、协同治理理论

协同(Synergy)一词来自希腊语"Synergos"。"syn"意为"together",即在一起引起的协调与合作;"ergy"表示"working",即组织结构和功能③。从词源本身可以得出"协同"一词主要强调的是协调合作的结果。而协同治理可

---

① 许耀桐.政治学[M].北京:对外经济贸易大学出版社,2010.

② 宋洋.多元治理视角下我国农村老年人社会福利体系构建[J].天津行政学院学报,2016,18(3):61-66.

③ 朱汉平,贾海薇.政府与社会组织协同供给农村养老服务的推进思路:基于协同治理理论视角的分析[J].广东农业科学,2013,40(10):202-204,219.

以理解为在同一治理系统中多元主体相互依存、协调合作,达到行动目的的一致性和行动过程的有序性,并最终实现公共利益。协同治理理论是一门新兴的交叉理论,它把自然科学领域的协同论和社会科学领域的治理理论联系起来作为其理论基础,在治理的基础上加入了协同的概念,主要强调的是各个主体之间资源和要素的协调和互补,从而改变过去政府在传统公共管理中的统治地位,而市场和社会被边缘化的窘境。协同治理理论在社会养老服务的实践解释中有两层重要的性质:第一层是协同性,是对社会养老服务主体在养老服务供给中的结构性分布的抽象性表达;第二层是协同增效,是在协同性的基础上实现养老服务供给的效率增加,是社会养老服务在制度层面上的绩效体现。

二、供求理论

在经济学理论中,需求与供给之间的关系是市场机制理论的核心内容。一般来讲,需求影响供给,供给反过来也会影响需求。当某些新兴需求产生,需求旺盛且数量庞大时,就会刺激供给的出现,进而带来某些产业的兴起与发展。随着资金、技术等要素的涌入,产业在发展的过程中会极大地促使生产力快速发展,同时随着消费者消费能力的提高,供给也会相应地增加。价格作为衡量商品或服务价值的直观体现,围绕着价值上下波动,是供给和需求共同作用的体现。需求供给的对比关系也能够影响价格,供需关系和价格之间的相互作用以波动形式推动着市场的发展。

养老服务市场中需求和供给的良性互动决定着养老服务市场的效率。养老服务的需求量取决于老年消费群体的数量、消费能力以及消费偏好,养老服务的供给方在充分了解老年消费群体的需求类型、数量和质量的基础上,才能提供适销对路的产品和服务,进而提高养老服务的供给效率。

三、新公共管理理论

20世纪90年代以来,发达国家出现的"新公共管理"运动开启了对公共行政管理的理论思考,逐渐形成新公共管理理论。新公共管理理论主张将市场机制引入公共部门,借鉴市场竞争、供求关系和契约机制等方法来推动公共部门的改革和提高效率；主张将公共服务的提供和管理从政府机构中剥离出来，引入竞争机制和市场化运作，鼓励社会企业和非营利组织参与公共服务的提供；倡导以绩效评估和激励为导向，强调公共部门的结果和成果的实现，以客观的指标和评价体系来评估和约束公共服务机构。新公共管理理论对养老服务的多元提供、成本控制和效率提升具有重要的意义。

在我国人口老龄化快速发展的背景下，单纯依靠政府的力量很难在短期内满足养老服务需求。加强政府与市场、社会的合作，引入市场资金、市场化管理模式等优质资源，可以大大提高养老服务供给的效率。再加之，社会力量与老年人的实际接触更为广泛，可以更高效地应对养老服务需求的变化，从而实现养老服务业发展的"个性化""去机构化"和"非正式化"①。养老服务作为具有公共产品属性的一种公共服务，借助新公共管理理论厘清政府在养老服务中的角色与责任，明确政府由直接养老服务提供者转变为相关养老服务产品标准与评估的制定者，并建立相应的购买机制，充分调动各方主体的能动性，发挥各自优势与能量，为老年群体提供高质量的养老服务。

第三节　构建分析框架

一、养老产业与养老事业的关系

养老事业是以政府为主的为老年人提供基础性的基本养老服务和产品，具有公益性、兜底性和普惠性的特点，而养老产业是以市场为主的为老年人提供个性化或高层次的养老服务和产品，具有营利性、竞争性和多样性的特点。养老事业作为福利性事业，由政府主办主导，随着社会经济的不断发展，更多的养老主体进入养老服务供给，某种程度上讲，养老产业是养

---

① 贾玉娇.中国养老服务体系建设中的突出问题与解决思路[J].求索,2017(10):90-98.

老事业发展到一定阶段的产物,是养老事业发展的延伸。

养老事业为老年人建立起养老保障安全网,然而,随着老年群体的养老需求由隐性、抑制、缓慢发展的状态向显性、释放、加速发展转变,广大老年人的多层次、多样化、高品质的养老服务需求日益凸显,仅依靠基本养老服务体系难以满足老年人的社会化服务需求,亟待持续扩大养老服务和产品供给,充分发挥政府、家庭、企业、社会等多元主体的积极性,引导和鼓励社会力量参与养老服务供给,促使养老服务产业与养老事业协同融合发展。

发展养老产业,必须以养老服务事业的发展为前提和基础。首先,发展养老事业与养老产业的最终目的是一致的,都是为了满足老年人的生活服务需求,这是二者协同发展的前提。其次,养老产业在发展初期是比较缓慢的。众所周知,老年人在年老以后是丧失劳动能力的,并且患病概率大大提高,对于大多数依靠养老金生活的老年人,潜在的养老服务需求受限于收入很难转化为现实需求,因此,养老服务市场仅面向高收入的老年人群体,受众群体小,市场份额少,养老服务产业发展必然缓慢。因此,在养老事业发展的前提下发展养老产业,能够在一定程度上规避风险、降低成本,比如政府可以在资金、技术、劳动力等要素的调动方面提供政策性的帮助。最后,养老事业的发展可以为养老产业的发展创造平台。养老事业为养老产业的发展营造社会氛围、提供发展平台、创造市场需求。养老产业主体可以借助养老事业快速发展的时机,寻找投资机会,开拓产业市场。"事业引导产业"并不是说"产业等于事业",也不是说用事业的方法做产业,而是强调事业对产业的基础和引导作用,同时探索多种形式的合作方式以促进二者共同发展。[①] 围绕养老事业办养老产业,通过办好养老产业促进养老事业,统筹城乡同步发展、政社企融合发展,实现养老事业与养老产业相互弥补、相互促进、协同发展。

二、养老服务产业发展基于多元治理理论框架

养老服务产业作为养老服务事业的一种,既有一般产业发展的普遍

---

① 韩淑娟,谭克俭.政府的责任边界与养老服务业的突围路径[J].东岳论丛,2017,38(8):27-31.

性,也有自身发展的特殊性。养老服务产业的普遍性主要体现在它具有产业发展所必需的基本要素,即劳动力、资本、政策等。养老服务产业自身发展需要相关专业人员的有效参与,包括参与养老服务产业顶层设计的人才、相关的管理人员,以及专业的护理护工人员;养老服务产业的发展需要配套设施的支持,如场地、平台、助老设施等;养老服务产业的发展更需要资金的支撑,这其中包括政府的财政支持,社会其他主体资金支持。

养老服务产业也必然有自身发展的特殊性,其特殊性既体现在发展目标上,养老服务产业不能单纯追求盈利,又要在实现个体收益的同时兼顾社会效益。养老服务产业的发展壮大离不开多元主体的参与,包括政府、家庭、养老企业、社会组织等,它们可以是养老服务或产品的生产者,也或者是消费者,又可以是评估者。在当前养老服务产业智慧化趋势下,养老服务的供给会出现资金与服务供给的分离、信息与资金的分离,图2-1就是智慧养老服务平台多元主体协同治理关系图。智慧养老服务平台的组织架构包括平台运营方(提供平台运营的技术支撑)、智慧养老服务需求方和智慧养老服务供给方,具体的参与主体有老年人、家庭、社区、养老机构、医疗机构和政府(民政、社会保险等部门),其提供的养老服务种类涵盖生活照料和医疗护理等,既涉及养老事业又包含养老服务产业,服务实现的复杂性决定其参与主体的协同复杂性,在智慧养老服务平台的多元主体协同治理中,既有多元主体向平台汇集的信息流,又有不同服务项目的资金流和服务流,平台所完成的工作就是支撑线下服务流的所有线上数据的收集、验证、分析、评估、综合、反馈等,涉及多元主体之间的复杂业务操作,其协同治理需要建立在彼此信任和共同利益的基础上,进而促进公共利益最大化。

本书所建立的分析框架,就是以社区为依托,将养老服务产业的发展放置于多元治理理论框架中,其逻辑为供给者(政府)借助第三方组织(社区)对老年人需求进行调研,并引导扶持主要生产者(平台运营商)搭建信息化平台;平台广泛吸收优质服务商进行加盟,满足老年人多样化的服务需求;同时政府对平台运营商在政策扶持、运营建设补贴方面提供相应的优惠。为老年人提供资金补贴,以便老年消费者能够低价或无偿购买服务;消费的老年人增多会促使生产者产生规模效应,进而提升服务质量,吸引更多的老年人进行消费。多元治理理论在养老服务产业方面的应用,适用于当前养老服务产业碎片化的现状。它可以帮助建立一个不同于固定地域、传统养老机构的养老模式,而是结合不同层级与部门、线上线下资源、政府与市场、老人与家庭的整合式养老。

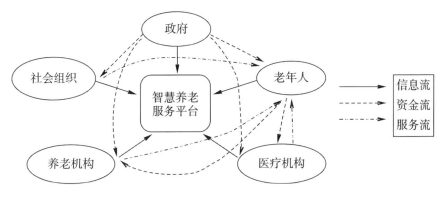

图2-1　智慧养老服务平台多元主体协同治理关系

将养老服务供给放在多元治理的分析框架下,按照政府保障基本、市场满足需求、社会增加供给、个人积极参与的职责权利和定位,凝聚来自政府、市场、社会、家庭包括老年人等各方面的合力才能带来养老事业与养老服务产业协同发展。

第三章
河南省社会养老服务政策概述

养老服务相关政策是老龄事业实践的行动指南。系统分析河南省的养老服务政策,既要从政策推行的时间、发文主体进行考量,又要科学地从政策工具、政策目标和政策力度等方面进行分析。我国自 2000 年开始进入老龄化社会以来,陆续制定了与养老服务有关的政策和方针。河南省紧随国家政策步伐,结合河南省老龄化的实际情况和现有的养老服务体系的特点,制定并实施了一系列与河南省情况相适应的养老服务政策。

第一节 河南省社会养老服务政策梳理

2000 年中共中央国务院颁布的《关于加强老龄工作的决定》,系统提出发展老年服务业,完善老年服务的内容和体系构架,为老年人提供集生活照料、文化娱乐和医疗照料为一体的养老服务,至此"养老服务"开始成为一个独立专门的概念被独立、广泛地使用。2012 年由中华人民共和国第十一届全国人民代表大会常务委员会第三十次会议修订通过的《中华人民共和国老年人权益保障法》,全方位展示了国家对于养老服务事业发展的大力支持,也为今后养老服务体系建设指明了方向;2017 年《"十三五"国家老龄事业发展和养老体系建设规划》提出,要夯实居家养老服务基础、加强农村养老服务体系建设、推进医养结合及健全的养老服务体系;2020 年国务院办公厅印发的《关于建立健全养老服务综合监管制度促进养老服务高质量发展的意见》,提出智慧养老服务平台试点的建设,以及深化医养结合在发展医养康养产业的基础上更好地满足老年人多样化的健康服务需求。图 3-1 展示了 2000—2022 年 9 月河南省养老服务政策发布数量的年度变化情况。总的来说,近 20 年来河南省的养老服务政策文本发布数量呈现曲折上升的趋势,说明有关部门对养老服务发展的重视程度不断提高。2010 年之前发文数量较少,上升速度比较平缓;2010 年之后政策文本发布数量大幅上升,并在 2017 年达到峰值,这一数量和政策内容变化趋势与我国的养老服务体系的发展路径吻合。

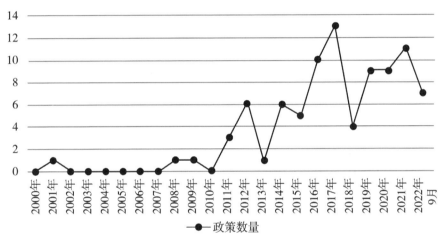

图 3-1　2000—2022 年 9 月河南省养老服务政策发布数量

按照年份的发文数量可以将河南省的养老服务政策发展分为以下几个阶段。

一、河南省养老服务政策初步形成时期(2000—2009 年)

河南省作为人口大省,自 20 世纪 80 年代初出现人口老龄化趋势,到 90 年代人口老龄化速度加快,于 2000 年左右正式步入老龄化社会。人口老龄化将会对政治、经济、文化、社会生活产生深远的影响,直接关系到社会经济的可持续发展。面对人口老龄化趋势不断加重的情况,河南省政府意识到需要制定方案来解决人口老龄化风险所带来的问题。2001 年,国务院出

台了《中国老龄事业发展"十五"计划纲要(2001—2005 年)》(国发〔2001〕
26 号),首次把老龄事业纳入政府五年规划,河南省政府积极响应中央号
召,印发了《河南省老龄事业发展"十五"计划纲要(2001—2005 年)》,提出
"加快老龄事业发展步伐,重点解决老龄事业发展中的突出问题,从我省的
实际情况出发,落实老有所养、老有所医、老有所教、老有所学、老有所为、老
有所乐,把老龄事业推向全面发展的新阶段。"2008 年,河南省深入贯彻落实
党的十七大精神,根据《中华人民共和国老年人权益保障法》《关于加强老年
人优待工作的意见》,结合河南省实际出台了《关于进一步加强老年人优待
工作的意见》,坚持从老年人实际需求出发,积极营造尊重、关心和照顾老年
人的社会氛围。该阶段的政策呈现出零散、重点不突出的特点,处于养老服
务政策体系的初步形成阶段。

二、河南省养老服务政策快速增长时期(2010—2017 年)

从 2010 年开始,河南省养老服务政策文本发布数量大幅上升,处于河南
省养老服务政策的快速增长期。主要原因如下。

(1)该阶段河南省的老年人口急剧增加,人口老龄化的发展速度明显加
快。这推动了河南省政府加快政策制定的步伐,相继制定了老年人体育工
作、政府购买、养老服务业发展等众多领域的规划和意见,如《关于进一步加
强新形势下老年人体育工作的实施意见》等。

(2)中央政府的政策引导。我国的人口老龄化是在"未富先老"、社会保
障制度不完善、历史欠账较多、城乡和区域发展不平衡、家庭养老功能弱化
的形势下发生的,加强社会养老服务体系建设,是适应传统养老模式转变、
满足人民群众养老服务需求的必由之路。因此,2011 年国务院办公厅印发
的《社会养老服务体系建设规划(2011—2015)》(国办发〔2011〕60 号),将加
强养老服务体系作为本阶段的重点任务。河南省在中央政府出台政策的引
导下,颁布了一系列完善养老服务体系的政策文件,包括《河南省人民政府
关于加快推进社会养老服务体系建设的意见》(豫政〔2011〕80 号)、《河南省
人民政府办公厅关于印发河南省社会养老服务体系建设规划(2011—
2015 年)的通知》《河南省老龄事业发展"十二五"规划》等。

三、河南省养老服务政策稳速增长时期(2017年至今)

河南省已逐步形成"居家为主、社区为依托、机构为补充"的养老服务体系,基本能够满足现阶段的养老服务需求。因此,该阶段政府开始关注如何提高养老服务质量、满足多元化的养老服务需求,先后制定并实施了《关于全面放开养老服务市场提升养老服务质量的实施意见》《河南省推进健康养老服务产业转型发展方案和若干政策》《关于切实解决老年人运用智能技术困难的工作方案》《河南省支持社会力量提供多层次多样化医疗服务实施方案》等政策。

河南省2000—2021年养老服务政策目录详见表3-1。

表3-1　河南省2000—2021年养老服务政策目录

编号	政策名称	发布时间
1	《河南省人民政府办公厅关于印发河南省推进健康养老服务产业转型发展方案的通知》	2017
2	《河南省人民政府办公厅关于印发河南省推进健康养老服务产业若干政策的通知》	2017
3	《河南省人民政府办公厅关于印发河南省推进健康养老服务产业布局规划的通知》	2017
4	《2018年推进健康养老服务产业转型发展专项方案》	2018
5	《关于深化医养结合促进健康养老发展的意见》	2020
6	《关于开展智慧养老服务平台建设试点工作的通知》	2020
7	《河南省人民政府关于印发河南省"十四五"养老服务体系和康养产业发展规划的通知》	2021
8	《中共河南省委办公厅、河南省人民政府办公厅印发关于加强养老服务体系建设的意见》	2021
9	《河南省关于促进养老托育服务健康发展的实施意见》	2021
10	《河南省人民政府办公厅关于建立健全养老服务综合监管制度促进养老服务高质量发展的实施意见》	2022
11	《河南省人民政府关于印发河南省"十四五"公共服务和社会保障规划的通知》	2021

续表 3-1

编号	政策名称	发布时间
12	《河南省人民政府办公厅关于全面放开养老服务市场提升养老服务质量的实施意见》	2017
13	《河南省人民政府办公厅关于进一步激发社会领域投资活力的实施意见》	2017
14	《河南省人民政府办公厅关于印发河南省老年教育发展规划（2017—2020 年）的通知》	2017
15	《河南省人民政府办公厅关于印发河南省中医药发展战略规划（2016—2030 年）的通知》	2017
16	《河南省人民政府办公厅关于加快发展康复辅助器具产业的实施意见》	2017
17	《河南省人民政府办公厅关于印发河南省"十三五"卫生与健康事业发展规划的通知》	2017
18	《河南省人民政府关于推进健康中原行动的实施意见》	2019
19	《河南省人民政府办公厅关于印发河南省职业技能提升行动方案（2019—2021 年）的通知》	2019
20	《河南省人民政府关于印发河南省老龄事业发展"十五"计划纲要的通知》	2001
21	《河南省卫生健康委员会关于印发河南省老年健康服务体系建设实施方案的通知》	2020
22	《河南省老年人权益保障条例》	2019
23	《河南省关于进一步加强老年人优待工作的意见》	2008
24	《河南省人民政府办公厅关于进一步加强新形势下老年人体育工作的实施意见》	2016
25	《关于进一步做好老年人新冠肺炎疫情防控工作的通知》	2020
26	《河南省民政厅关于落实〈关于切实解决老年人运用智能技术困难的实施方案〉的通知》	2020
27	《河南省卫生健康委、河南省中医管理局关于开展建设老年友善医疗机构工作的通知》	2020
28	《河南省卫生健康委、省中医管理局关于切实做好老年人就医便利服务工作的通知》	2021

续表 3-1

编号	政策名称	发布时间
29	《河南省人民政府办公厅关于印发河南省老年教育发展规划（2017—2020 年）的通知》	2017
30	《河南省人民政府关于加快推进社会养老服务体系建设的意见》	2011
31	《河南省人民政府关于加快发展养老服务业的意见》	2014
32	《河南省人民政府办公厅关于印发养老健康产业发展示范园区（基地）规划建设推进计划的通知》	2015
33	《河南省人民政府办公厅转发省卫生计生委等部门关于推进医疗卫生与养老服务相结合实施意见的通知》	2016
34	《河南省人民政府关于印发河南省推进服务业供给侧结构性改革专项行动方案（2016—2018 年）的通知》	2016
35	《河南省人民政府办公厅关于印发河南省社会养老服务体系建设规划（2011—2015 年）的通知》	2012
36	《河南省人民政府办公厅关于印发河南省"十三五"现代服务业发展规划的通知》	2016
37	《河南省人民政府办公厅关于印发 2016 年河南省服务业重点领域发展行动方案的通知》	2016
38	《河南省人民政府办公厅关于进一步促进服务业发展若干政策的通知》	2014
39	《河南省人民政府办公厅关于印发扩大和促进消费带动转型升级行动实施方案的通知》	2016
40	《河南省人民政府办公厅关于印发河南省完善促进消费体制机制实施方案的通知》	2019
41	《河南省人民政府办公厅关于印发河南省加快发展生活性服务业促进消费结构升级实施方案的通知》	2016
42	《河南省人民政府办公厅关于印发河南省进一步释放消费潜力促进消费持续恢复实施方案的通知》	2022
43	《河南省人民政府办公厅关于印发 2015 年河南省服务业重点领域发展行动方案的通知》	2015

续表 3-1

编号	政策名称	发布时间
44	《河南省人民政府办公厅关于印发河南省服务"六稳""六保"进一步做好"放管服"改革工作实施方案的通知》	2021
45	《河南省人民政府办公厅关于积极发挥新消费引领作用加快培育形成新供给新动力的实施意见》	2016
46	《河南省人民政府办公厅关于印发河南省促进智慧城市健康发展工作方案（2015—2017 年）的通知》	2015
47	《河南省人民政府关于建设高成长服务业大省的若干意见》	2014
48	《河南省人民政府关于加强和改进社区服务工作的意见》	2009
49	《河南省人民政府关于促进健康服务业发展的实施意见》	2014
50	《河南省人民政府办公厅关于印发河南省支持社会力量提供多层次多样化医疗服务实施方案的通知》	2018
51	《河南省人民政府关于加快推进产业结构战略性调整的指导意见》	2013
52	《河南省人民政府办公厅关于印发河南省"十三五"基本公共服务均等化规划的通知》	2017
53	《河南省人民政府办公厅转发关于促进旅游消费拉动经济增长意见的通知》	2015
54	《河南省人民政府关于印发河南省"十四五"数字经济和信息化发展规划的通知》	2021
55	《河南省人民政府关于印发河南省"十四五"制造业高质量发展规划和现代服务业发展规划的通知》	2021
56	《河南省人民政府关于印发河南省国民经济和社会发展第十四个五年规划和二〇三五年远景目标纲要的通知》	2021
57	《河南省人民政府关于印发河南省社区服务体系建设规划（2011—2015 年）的通知》	2012
58	《河南省人民政府办公厅关于推进政府向社会力量购买服务工作的实施意见》	2014
59	《河南省人民政府办公厅关于进一步加强新形势下老年人体育工作的实施意见》	2016

续表 3-1

编号	政策名称	发布时间
60	《河南省扩大消费专项工作方案》	2012
61	《河南省人民政府办公厅关于印发河南省推进信息化促进信息消费实施方案（2014—2016 年）的通知》	2014
62	《河南省人民政府关于印发河南省"互联网+"行动实施方案的通知》	2015
63	《河南省卫生健康委员会关于进一步加强社区居家医养结合服务工作的通知》	2021
64	《河南省"十四五"健康老龄化规划》	2022
65	《河南省老龄事业发展"十二五"规划》	2012
66	《关于开发性金融支持健康养老服务产业转型发展的通知》	2018
67	《河南省民政厅、河南省发展和改革委员会关于印发〈河南省民政事业发展第十三个五年规划〉的通知》	2016
68	《河南省财政厅、河南省民政厅、河南省人社厅关于印发〈关于财政支持城镇社区养老服务体系建设发展的实施意见〉的通知》	2019
69	《河南省卫生健康委员会等 12 部门关于促进护理服务业改革与发展的实施意见》	2019
70	《河南省卫生健康委关于印发〈河南省加快发展老年护理服务和开展老年护理需求评估和规范服务工作实施方案〉的通知》	2020
71	《河南省养老服务条例（草案）》	2021
72	《河南省林业局、河南省民政厅、河南省卫生健康委员会关于加快推进森林康养产业发展的意见》	2020
73	《河南省人民政府办公厅关于推进城镇老旧小区改造提质的指导意见》	2019
74	《河南省人民政府办公厅关于加快发展商业养老保险的实施意见》	2017
75	《河南省民政厅关于做好吸引社会资本进入社会养老服务和福利领域有关工作的通知》	2011
76	《河南省民政厅关于继续开展养老服务社会化示范单位创建活动的通知》	2012
77	《河南省政府购买养老服务实施办法（修订）》	2018
78	《河南省财政厅关于提前下达 2020 年彩票公益金支持养老服务体系建设资金预算的通知》	2019

续表 3-1

编号	政策名称	发布时间
79	《河南省财政厅关于提前下达2020年部分中央财政城镇保障性安居工程补助资金用于城镇老旧小区改造和城镇社区养老服务建设的通知》	2019
80	《河南省人民政府办公厅关于印发河南省"十四五"城乡社区服务体系建设规划的通知》	2022
81	《河南省"十四五"民政事业发展规划》	2022
82	《河南省民政厅关于印发〈河南省社会办养老服务机构管理暂行办法〉的通知》	2012
83	《河南省民政厅关于印发〈老年人健康能力评估〉的通知》	2017
84	《关于全面推进居家养老服务工作意见》	2011
85	《关于全面推进居家养老服务工作意见》	2020
86	《河南省人民政府关于印发河南省加快推动现代服务业发展实施方案的通知》	2022
87	《河南省人民政府关于印发河南省"十四五"老龄事业发展规划的通知》	2022

第二节　河南省养老服务政策的文本内容分析

一、河南省养老服务政策的词频语义分析

选取河南省2000—2022年的养老服务政策作为研究样本,政策文本来源于省政府官方网站、各地市部委政府公开的数据资料,通过输入"养老""服务"等关键词进行交叉组合搜索,为保证政策文本的有效性,确定了样本筛选原则:一是文件内容与养老服务有直接关联;二是对养老问题略微提及的政策不纳入研究内容,如调整退休人员养老金标准的通知、公布养老应用试点的通知;三是政策文本是规范性公文,如规划、方案、实施方案等,不包

括公示、政策解读提纲、政策问答,河南省2000—2022年养老服务部分政策见表3-2。

表3-2　河南省2000—2022年养老服务政策统计表(部分)

政策编号	政策名称	发布时间
1	《河南省"十三五"卫生与健康事业发展规划》	2017-01
2	《河南省中医药发展战略规划(2016—2030年)》	2017-02
3	《河南省人民政府办公厅关于加快发展康复辅助器具产业的实施意见》	2017-09
4	《河南省推进健康养老服务产业转型发展方案》	2017-09
5	《关于全面放开养老服务市场提升养老服务质量的实施意见》	2017-09
6	《河南省支持健康养老服务产业转型发展若干政策》	2017-09
7	《河南省健康养老服务产业布局规划》	2017-09
8	《河南省人民政府办公厅关于进一步激发社会领域投资活力的实施意见》	2017-11
…	……	……

数据来源:各部门官方网站查询。

(一)词频分析

词频分析中出现频率较高的词语往往具有一定的政策核心内容代表性,通过探析政策文本中高频词的语义内涵,能够了解政策对象与政府施政的关注点。采用ROST CM6软件工具,对遴选的养老服务政策文本开展高频词汇分析。首先,需要对政策文本内容进行分词和整理,由于分词词库不够完整,会对分词结果造成一定影响,因此本书根据实际情况构建了自定义分词词表,以提高统计准确性。一方面,存在专有名词被分开的情况,结合该领域的专业术语和语义理解,对分词结果进行人工干预,如"政府购买""医养结合""公建民营""老年教育"等,需要将其加入分词自定义词表中;另一方面,将一些表达相近的词汇进行合并,形成归并词群表。如将"康养""医养""医养融合"等统一转化为"医养结合";将"督促""监督""规范""法律"

等统一转化成"监管";"财政""财政支持""财政支出""补贴""资金"等转化为"财政补贴";"税费""税收优惠"统一转化为"税优"。其次,在分词过滤此表中加入需要剔除的副词、语气词等无关词汇,经过分词处理得到分词后的政策文本。最后,对分词后的政策文本进行词频分析,选取前 100 个高频词形成河南省养老服务政策文本高频主题词统计表(见表3-3)。

表3-3 河南省养老服务政策文本高频主题词统计表

主题词	词频	主题词	词频	主题词	词频	主题词	词频	主题词	词频	主题词	词频	主题词	词频
医养结合	4732	体系	1145	安全	603	参与	379	公益	234	多元化	126	多元化	74
养老服务	4079	社区养老	1061	智慧养老	595	金融	377	领导	228	联合	124	科研	74
建设	3210	政府	1015	健全	593	供给	337	扶持	223	福利	122	创建	71
发展	2761	示范	966	创新	589	中医	336	投入	211	权益	112	临床	64
老年人	3611	健康养老	938	改革	587	申请	336	考核	193	互助	107	境外合作	61
监管	2301	金融支持	931	协作	569	建成	335	评定	183	防治	104	安宁疗护	58
财政补贴	1978	康复	913	家庭	565	保健	334	激励	171	信息化	102	临终关怀	58
人才	1803	居家养老	898	用地	561	强化	323	评价	167	改善	102	严禁	57
健康	1471	卫生	792	技术	505	打造	321	科技	165	高效	90	制造	55
社区	1397	落实	741	促进	487	老年教育	305	竞争	163	地产	90	社区服务	51
建立	1395	市场	727	评估	474	消防	303	心理	155	大学	80		
规划	1288	社会参与	720	改造	470	高龄	287	普惠养老	143	分工	77		
保障	1189	文化	718	实现	463	税收优惠	285	资产	140	改建	76		
护理	1188	教育	688	指导	449	政府购买	279	安排	137	公平	75		
完善	1152	医疗机构	617	制定	429	信用	235	新建	137	新业态	75		

　　根据表3-3统计的河南省养老服务政策文本高频主题词,由于高频词汇表内容多且没有条理,因此可以将政策文本涉及的高频词划分为三种类型:养老服务领域专有名词、政策涉及的参与主体、措施类动词,按照此分类标准对高频词进行整理得到河南省养老服务政策文本高频词的类型构成(见表3-4)。

表3-4　河南省养老服务政策文本高频词的类型构成表

类型	高频词汇
养老服务领域专有名词	医养结合、服务、老年、养老服务、智慧养老、养老、老年教育、高龄、普惠养老、居家养老
政策涉及的参与主体	社会参与、社区、人才、政府、养老机构、医疗机构、市场、民政
措施类动词	发展、建设、监管、财政补贴、保障、建立、完善、金融支持、示范、教育、组织、创新、规划、协作、落实、指导、改造、强化、制定、评估、打造、评价、投入、升级、扶持、竞争、激励、创建、主导、改善、普及

　　结合表3-3和表3-4的统计内容,2000—2022年河南省养老服务政策文本的高频词由高到低依次是"医养结合""养老服务""建设""发展""老年人"等,契合政策文本选择原则,紧紧围绕着养老服务的建设和完善展开。

　　(1)"医养结合"是河南省养老服务政策中出现频率最高的主题,词频高达4732次,说明河南省养老服务政策大多涉及医养结合发展,通过加强养老机构与医疗机构的配合、促进老年人的生活照料与医疗护理的结合,并借助发展居家、社区、健康养老等多元化的养老模式,为老年人提供全方位的养老服务,逐步推进医养结合,提高老有所养的质量。作为新兴养老方式的"智慧养老"等专有名词,在养老服务中的出现频率也不低,这种情况充分说明,随着科学技术的发展,智慧养老以高效、低成本的特点实现养老服务物联化、智能化以达到在最大程度上提高老年群体的生活质量的趋势也已凸显,这体现出河南省政府在积极构建养老服务体系时融合多样化的养老服务方式,满足多层次的养老服务需求。

　　(2)"人才""社区""政府""社会参与"等政策文本涉及的主体中,"人才""社区"出现的频率最高,分别是 1803 次与 1397 次,"政府"出现的频率是 1015 次,这也可以反映出河南省政府在养老服务体系政策的落地以及政策的发力点上聚焦在社区。作为社会治理最后一公里的治理主体,社区在养老服务体系建设中的位置尤为重要,充分调动社区养老资源的流动与合理配置,才能打好基层养老服务网络的基础。并且,在养老服务体系建设中,人才是养老事业与养老产业发展的重要基础要素,健全人才保障体制机制,才能稳定养老服务队伍,更好地推进养老服务高质量发展。

(3)"建设""发展""监管""建立""保障""完善"等措施类动词出现的频率较高,可以看出河南省的养老服务发展还处在亟待完善的阶段,存在养老服务供需矛盾突出、医养结合体系不健全、专业人才缺乏等问题。在政策措施中对养老服务发展的支持方式重点放在了建设、完善和监管等方面,规范发展、加强监管,以便为养老服务提供良好的发展环境,营造有序的市场秩序,引导其向更加健康、更为长远的方向发展。同时也注重通过竞争、激励等方式推进养老服务高质量发展、促进养老产业项目品质化提升。

(二)政策语义网络图分析

网络关系图能够确定与其他词关联最多的核心高频词,图中线条的疏密程度代表共现频率的高低,线条越密,表明共现次数越多。本书借助ROST CM6 软件生成河南省养老服务政策高频词语义网络图,该图中高频词社会网络关系太过庞大,给养老服务产业政策文本的分析造成了较大的困难,因此,需要进一步删减,我们在此基础上删除一些关联较小的词汇后得到了河南省养老服务政策核心高频词语义网络图(见图 3-2)。

根据图 3-2 的语义网络图可以发现,2000—2022 年河南省养老服务政策围绕"养老服务""建设""发展""建立""完善"为中心簇拥分布,这些词与其他特征词的联系也最为密切,共现频次最高,可以作为整个语义网络中的核心特征词。"社区""资源""老年人""标准""社会"构成次核心区域,是对中心内容进行补充和拓展。"健康""护理""卫生""规范"等其他词汇围绕核心呈环状分布。在语义网络图中与"养老服务"紧密联系的词语有"老年人""社会""社区"等,这几个词主要涉及养老服务的参与主体,体现了在发展过程中参与主体多元化的特点。与"发展"联系较为紧密的名词有"健康养老""经济""创新",这表明养老服务的发展方向以健康老龄化为理念,养老事业与养老产业的协同发展要带动经济的新增长点,提供养老服务的方式不断创新,同时要注重完善相关机制。"健全""落实""促进""改革"等是与这几个中心节点词联系紧密的措施类动词,体现了河南省养老服务发展还处在需要完善的阶段,需要注重建立健全养老服务体系,积极推进养老服务进程不断加快。虽然有些主题词处于网络边缘,但并不能说明它不重要,可能是在政策制定中容易被忽视的部分。除此之外,"社区""社会""老年人"等,这些核心特征词和关键节点使得整个语义网络互联互通,也是政策文本的核心内容。

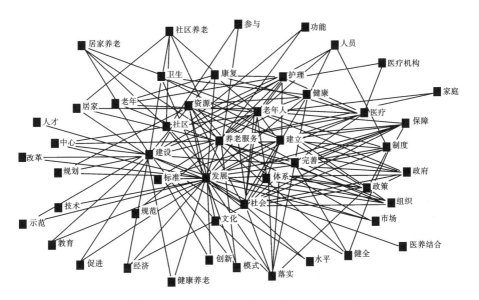

图3-2 河南省养老服务政策核心高频词语义网络图

(三)政策文本词云图分析

词云图的形式能够对政策文本进行可视化呈现,有助于理解政策文本的核心内容。词云图中关键词字体越大,表明该词在文本中出现的频率越高,反之,则表明提及的频率越低。本书采用 Word art 对河南省养老服务政策的前300个高频词进行词云分析,如图3-3所示。这300个关键词代表了2000—2022年河南省养老服务的发展重点,与表3-3所示的高频词汇统计表相吻合。"医养结合""养老服务"出现的频率最高,表明所选取的政策文本内容多围绕着养老服务展开;"监管""建设""发展""建立""规划"等词强调在养老服务体系的建立和完善中加强监管,以提供良好的支撑环境;"人才""政策""财政补贴""金融支持""用地""技术",旨在通过人才培养、资金、技术等方面为养老服务发展提供要素供给;"老年人""健康""护理"展现出政策制定注重结合老年群体的多样化需求;"社会""市场""家庭""社区""政府"等词汇,说明政府积极通过多元主体参与为养老服务发展提供拉力。

图3-3　2000—2022年河南省养老服务政策文本词云图

基于词频统计和词云图可视化分析发现,河南省2000—2022年的养老服务政策重点可以归纳为:政府围绕老年群体的多样化需求,为养老服务的发展提供多种要素支持和良好的发展环境,并积极引导多元力量参与其中,逐步建立并完善养老服务体系,推动养老事业更好发展。

二、河南省养老服务政策的力度分析

(一)政策发文主体特点

河南省参与养老服务政策制定和发布的部门主要包括省政府、卫生健康委员会、人力资源和社会保障局、省发改委、省民政厅等机构和部门。根据所颁布的政策类型可以将河南省养老服务政策所涉及的主体分为两大类:一类是颁布的政策具有较强的指导性,主要指河南省政府办公厅、河南省民政厅;另一类是颁布的政策文件具有可操作、具体性,如老龄工作委员会、医疗保障局、发展与改革委员会、教育厅等。综合统计政策文本,河南省养老服务政策的发文主体呈现如下特点。

1.发文主体多元化

河南省养老服务政策颁布主体呈现多元化趋势。依据统计结果,发文主体包括河南省政府办公厅、河南省卫生健康委员会、河南省财政厅、河南省体育局、河南省卫生厅等26个部门。其中,河南省政府办公厅单独的发文数量最高,其次是民政厅,由此体现出政策颁布主体虽然丰富,但是呈现出较为集中的态势。这说明省级人民政府在政策发文方面发挥着牵头作用,呈现出了"自上而下"的特点,同时也体现出政府对河南省养老服务发展的重视,为其他部门的政策制定奠定良好的制度基础。

2.发文主体协作性不强

河南省养老服务政策联合发文逐渐增多,但大多数部门参与性不强。例如河南省自然资源厅、老龄工作委员会、科技厅等仅仅参与过一次联合发文。这也体现出目前河南省养老服务政策发文各部门的协作性不强。除了省政府以外,河南省卫生健康委员会、河南省财政厅、河南省中医药管理局也是河南省养老服务政策的重要发文主体,这些部门以联合发文为主,说明推动养老服务发展、完善养老服务体系,需要财政等其他部门协同作用,为养老服务更好地发展提供资金、科技、教育等支持。

3.发文主体的政策内容侧重点不同

发文主体的政策内容侧重点不同。结合各发文主体所颁布的政策内容可以发现,在制定政策时注重发挥各自的部门职责,在其职责范围内按照相关要求制定宏观或具体的措施,协调推进养老服务政策落地生根。如河南省政府办公厅具有较高的行政权力,以制定宏观和指导性的政策文件为主;河南省卫生健康委员会、中医药管理局发布的政策侧重为老年人的就医服务;财政厅主要为养老服务发展提供资金和金融支持。

(二)政策力度量化标准

参考彭纪生等科技创新政策量化标准,根据政策类型和颁布机构的级别,赋予各政策相应的数值以描述其政策力度的大小。全国人大及其常务委员会所颁布的法律赋予指标得分为最高分 6 分,国务院颁布的决定,国务院颁布的意见、办法、方案、规划、计划、标准,各部委颁布的意见、办法、方案、指南、规划、目录、计划、规范文件、标准,国务院颁布的批复、通知、报告,各部委颁布的通知、公告、函、纲要,按照政策力度的大小逐级下降进行量化,具体量化标准如表3-5 所示。

表3-5　养老服务政策力度量化标准

量化标准	力度得分
全国人大及其常务委员会颁布的法律	6
国务院颁布的决定	5
国务院颁布的意见、办法、方案、规划、计划、标准	4
各部委颁布的意见、办法、方案、指南、规划、目录、计划、规范文件、标准	3
国务院颁布的批复、通知、公告	2
各部委颁布的通知、公告、函、纲要	1

作为参照比较,将河南省和各地市人大及其常务委员会所颁布的法律、条例,河南省和各地市人民政府颁布的决定,河南省和各地市人民政府颁布的意见、办法、方案、规划、标准、计划,河南省和各地市各厅局颁布的意见、办法、方案、规划、标准、计划,河南省和各地市人民政府颁布的批复、通知、报告,河南省和各地市各厅局颁布的通知、公告、函、纲要,按上述同等的政策力度进行量化,具体量化标准如表3-6 所示。

表3-6　河南省和各地市养老服务政策力度量化标准

量化标准	力度得分
河南省和各地市人大及其常务委员会所颁布的法律、条例	6
河南省和各地市人民政府颁布的决定	5
河南省和各地市人民政府颁布的意见、办法、方案、规划、标准、计划	4
河南省和各地市各厅局颁布的意见、办法、方案、规划、标准、计划	3
河南省和各地市人民政府颁布的批复、通知、报告	2
河南省和各地市各厅局颁布的通知、公告、函、纲要	1

（三）政策力度分析结果

表3-7显示了河南省和各地市不同力度的政策数量统计情况。从横向对比来看,首先,河南省和各地市的政策都以人民政府颁布的意见、办法、方案、规划形式为主;其次,地方各厅局颁布的意见、办法、方案、规划、标准、计划和各厅局颁布的通知、公告、函的数量要多于省级政策。

表3-7　河南省和各地市养老服务政策力度频数统计

量化标准	省级 （频数）	各地市 （频数）	总计
河南省和各地市人大及其常务委员会所颁布的法律、条例	0	1	1
河南省和各地市人民政府颁布的决定	0	0	0
河南省和各地市人民政府颁布的意见、办法、方案、规划、标准、计划	17	47	64
河南省和各地市各厅局颁布的意见、办法、方案、规划、标准、计划	1	35	36
河南省和各地市人民政府颁布的批复、通知、报告	0	0	0
河南省和各地市各厅局颁布的通知、公告、函等	1	19	20
总　计	19	102	121

从纵向对比来看,人民政府颁布的意见、办法、方案等形式的政策频数最高,共 64 项,占政策总数的 52.9%;其次是各厅局颁布的意见、办法、方案、规划等形式的政策频数为 36 项,占政策总数的 29.8%;两项合计占总数的 82.7%,这两种形式的政策力度得分分别为 4 分、3 分,处于中等水平。政策力度最大的法律形式的政策数量仅为 1,所占比重较小。根据上述关于政策力度得分计算标准,对养老服务政策力度得分进行统计,可知河南省养老服务政策力度平均得分为 3.223,并且得分为 4 分、3 分和 1 分的政策数量较多。总体上来说河南省养老服务的政策力度处于中等水平,平均政策力度得分较为稳定。

三、河南省养老服务政策的政策工具分析

政策工具是政府为实现某种特定的政策目标而采取的行动或手段。它不仅是实现既定政策目标的方法,也是进行政策分析的有效途径。从政策工具的视角来反观养老服务政策,结合积极应对人口老龄化的战略,通过内容分析法的研究,能够清晰地呈现养老服务政策的内在缺失与冲突。

(一)政策工具分类

借鉴 Rothwell et. al(1985)的政策工具分析模型,在遵循科学性、可行性和系统性的基础上,结合相关文献和政策内容,将政策工具分为环境型、供给型、需求型三种类型,并将每一类政策工具细分为不同的子工具。

1. 环境型政策工具

环境型政策工具指政府通过协同治理、策略措施、金融优惠、税收支持、法规管制、标准设计和市场运作等措施为养老服务发展培养良好的政策环境,具体在养老服务政策中的含义和识别关键词,见表3-8。

表3-8　环境型政策工具含义和关键词

政策工具类型	政策子工具		政策子工具含义	识别关键词
环境型	X_1	协同治理	多部门之间协商对话、相互合作	"协同联动"等
	X_2	策略措施	宏观制度设计,间接地引导和规范养老服务的发展方向	"目标规划""政策宣传"等
	X_3	金融优惠	为参与养老服务建设的企业开通信贷"绿色通道",优化投融资环境	"信贷""融资""金融"等
	X_4	税收支持	对参与养老服务建设的企业或机构提供税费优惠	"税费减免"等
	X_5	法规管制	出台维系养老服务发展的法律法规等强制性措施引导养老服务业有序发展	"监管""禁止""督察"等
	X_6	标准设计	养老机构的基础设施建设标准或老年人能力评估标准	"设施标准""机构评估"等
	X_7	市场运作	营造良好的养老服务市场环境	"市场环境""公平竞争环境"等

2. 供给型政策工具

供给型政策工具是指政府通过采取措施推动养老服务发展,主要包括土地供给、医养结合、资金投入、人才培养、信息技术、示范工程、公共卫生。具体在养老服务政策中的含义和识别关键词,见表3-9。

表3-9 供给型政策工具含义和关键词

政策工具类型	政策子工具		政策子工具含义	识别关键词
供给型	X_8	土地供给	养老机构等相关建设的空间规划和用地优惠	"空间供给""土地规划"等
	X_9	医养结合	提供医疗护理与养老服务相结合的服务模式	"中医药""健康养老""长期照护""安宁疗护"等
	X_{10}	资金投入	为养老服务体系建设各环节提供资金支持	"机构补贴""设施补贴"等
	X_{11}	人才培养	引进专业人才或对相关从业者进行培训	"培训""人才补贴"等
	X_{12}	信息技术	通过信息技术研发,提供高水平的养老服务	"信息化平台""科技""互联网+""智慧养老"等
	X_{13}	示范工程	设立新型的养老服务项目试点机构或示范点	"试点""示范""先行先试"等
	X_{14}	公共卫生	疫情背景下加强对老年人的健康防护	"疫情防控"等

3. 需求型政策工具

需求型政策工具是通过外部手段增加整个社会的养老服务需求,拉动养老事业发展,具体体现在宣传教育、提供补贴、社会参与、刺激消费、互助养老、海外交流、政府购买。具体在养老服务政策中的含义和识别关键词,见表3-10。

表 3-10　需求型政策工具含义和关键词

政策工具类型	政策子工具		政策子工具含义	识别关键词
需求型	X_{15}	宣传教育	对老年人进行健康知识宣讲或信息技术应用的培训	"老龄教育""科普"等
	X_{16}	提供补贴	对有困难的老人提供物质或精神帮扶	"老人补助"等
	X_{17}	社会参与	鼓励各种社会力量积极参与养老服务建设	"社会力量""多元主体"等
	X_{18}	刺激消费	引导和培育养老服务消费市场	"老年旅游业""激发消费需求"等
	X_{19}	互助养老	提倡农村老人或城市居民之间相互帮扶与慰藉	"农村互助""时间银行"等
	X_{20}	海外交流	积极引进外来投资、借鉴国外的养老服务发展经验	"全球""外资"等
	X_{21}	政府购买	依据中央及地方的采购规定,由政府部门支付相关公共事务的费用,如政府购买养老服务	"政府购买""政府采购"等

根据三种类型的政策工具内涵,按照政策编号—章号—节号—条目号对政策文本进行编码(部分编码见表 3-11),最后对编码内容进行分类得出三种类型的政策工具的使用情况(表 3-12)。

表3-11   河南省养老服务政策文本内容分析单元编码(部分)

政策编号	政策名称	政策文本内容分析单元	编码
Y1	《河南省"十三五"卫生与健康事业发展规划》	一、规划背景	Y1-1
		(一)"十二五"期间卫生与健康事业发展成就	Y1-1-1
		(二)"十三五"期间卫生与健康事业发展面临的机遇和挑战	Y1-1-2
		二、指导思想、基本原则和主要目标	Y1-2
		(一)指导思想	Y1-2-1
		(二)工作方针	Y1-2-2
		(三)基本原则	Y1-2-3
Y2	《河南省中医药发展战略规划(2016—2030年)》	一、指导思想	Y2-1
		二、基本原则	Y2-2
		(一)传承发展、创新驱动	Y2-2-1
		(二)深化改革、统筹推进	Y2-2-2
		(三)突出重点、全面提升	Y2-2-3
		(四)以人为本、服务惠民	Y2-2-4
E1	《安阳县人民政府关于加快推进养老业发展的实施意见》	一、指导思想	E1-1
		二、基本原则	E1-2
		三、主要任务	E1-3
		(一)切实加强农村养老服务	E1-3-1
		(二)大力加强养老机构建设	E1-3-2
B2	《开封市加快推进养老服务"六大体系"建设实施方案》	一、健全政策制度体系,打造"核心工程"	B2-1
		1.加强政策供给	B2-1-1
		2.加强用地保障	B2-1-2
		3.加强财政支持	B2-1-3
		4.加强规划落实	B2-1-4

续表 3-11

政策编号	政策名称	政策文本内容分析单元	编码
C4	《洛阳市推进政府购买养老服务工作的通知》	一、总体要求	C4-1
		二、发展目标	C4-2
		三、购买主体	C4-3
		四、承接主体	C4-4
		五、服务内容	C4-5
C5	《洛阳市居家和社区养老服务改革试点实施方案》	一、指导思想	C5-1
		二、工作目标	C5-2
		三、重点任务	C5-3
		（一）开展医养结合智慧型社区养老服务中心建设工作	C5-3-1

（二）政策工具频数分析

1.总体分析

根据河南省养老服务政策的工具分布频数（表3-12）可知,河南省的养老服务政策兼顾了三种政策工具类型,总体上呈现出政策工具使用不均衡、过度集中的现象,环境型、供给型、需求型的政策工具分别占比 49.19%、32.62%、18.19%。河南省政府注重使用环境型和供给型的政策工具,相比较而言较少使用需求型政策工具,更愿意通过间接措施来优化养老服务的发展环境,提供资金技术等支持推动养老服务产业发展。然而,需求型政策工具的缺乏,会导致河南省养老服务产业发展的内在推动力严重不足,降低了养老服务市场的活跃程度。原因可能在于河南省的养老服务体系还不够完善,正处于加速发展阶段,发展环境亟待完善,同时需要资金、技术、人才等支持逐渐拉动内需,所以目前政府部门关于供给型、环境型、需求型政策工具的投入符合本省的养老服务发展规律。与此同时,需要充分发挥需求型政策工具的补充作用,实现各类政策工具之间的平衡发展。

表3-12　河南省养老服务政策工具频数统计情况

政策工具类型	子工具		频次(各地市)	总计(各地市)	频次(省级)	总计(省级)	合计
环境型	X_1	协同治理	24	670(48.97%)	4	155(50.16%)	825(49.19%)
	X_2	策略措施	239		58		
	X_3	金融支持	61		18		
	X_4	税收优惠	22		7		
	X_5	法规管制	112		22		
	X_6	标准设计	144		26		
	X_7	市场运作	68		20		
供给型	X_8	土地供给	35	445(32.53%)	10	102(33.01%)	547(32.62%)
	X_9	医养结合	117		24		
	X_{10}	资金投入	73		11		
	X_{11}	人才培养	107		25		
	X_{12}	信息技术	75		18		
	X_{13}	示范工程	31		10		
	X_{14}	公共卫生	7		4		
需求型	X_{15}	宣传教育	15	253(18.5%)	8	52(16.83%)	305(18.19%)
	X_{16}	提供补贴	67		4		
	X_{17}	社会参与	91		19		
	X_{18}	刺激消费	3		2		
	X_{19}	互助养老	22		3		
	X_{20}	海外交流	21		11		
	X_{21}	政府购买	34		5		
总　计			1368		309		1677

2. 分类型分析

（1）在环境型政策工具中，由表3-12可知，策略措施的使用频率最高，共计239次，占比高达35.67%。根据前文对策略措施的定义可知，它主要指养老服务政策文本中的宏观制度设计，包括"目标规划""政策宣传"等，体现了政府对宏观调控能力的充分发挥，面对河南省日益加快的人口老龄化速度,河南省相关部门仍然将工作重点放在宏观指导策略上,这对于切实解决全省的养老服务问题无法起到关键的化解作用。标准设计的使用数量处于第二位,占比 21.49%,该工具侧重对养老服务机构基础设施建设标准的规定和老年人的能力评定。

此外,法规管制工具的使用频率也较高,说明政府在维护良好的养老服务发展环境方面做出了努力,有效性较强、影响力较高的特点使它作为河南省推动养老服务发展的常见政策手段之一,但是如果管制措施不灵活就会限制市场活力,其带来的正面效应会转化为负面影响。市场化运作的手段体现了政府注重发挥市场在资源配置中的决定性作用,但值得注意的是,税收优惠措施较少,难以发挥税收对多元主体参与养老服务发展的积极带动作用,也会影响其对养老服务产业发展的调节作用。

总的来说,就环境型政策工具而言,河南省政府侧重于通过策略措施、标准设计来推动养老服务的发展,缺少针对性的政策或操作层面的政策工具,养老服务的长期发展就难以保障。因此,政策的制定要有针对性、具体性,才能保证政策内容真正落地实行。

(2)在供给型政策工具中,使用频率较高的是医养结合,占比 26.29%。首先,2011 年国务院办公厅印发的《社会养老服务体系建设规划(2011—2015 年)》中提出"机构养老要具备为老年人提供突发性疾病和其他紧急情况的应急救援服务能力,鼓励老年养护机构中内设医疗机构,指出要重点推进医疗养护型养老社会建设。"这是我国最早的一部提及医养结合的政策文件,虽然在政策文件中没有明确给出"医养结合"这个概念,但是在政策内容中已经开始关注河南省老年人的康复护理需求。随后的政策内容逐渐从宏观设计向具体操作层面延伸,各地的医养结合工作也逐渐开始推进。从河南省近二十年来的政策内容来看,尤其是结合前文的高频词汇分析,可以看出河南省对医养结合的重视程度非常高。其次,人才培养、信息技术、资金投入的使用频率也较高,分别占比 24.04%、16.85%、16.40%。养老服务业作为服务业的一种,专业人才和资金是必不可少的发展要素。随着医养结合深入发展要将更多的视线转移到培养医养结合型人才;信息技术支持能够满足老年人多元化的养老服务需求,同时有助于提高养老服务发展效率,加快养老事业的发展步伐。

医养结合、人才培养和资金投入政策工具使用较频繁,从侧面反映了河南省对养老服务发展投入的人才和物质资源稍显不足,意在加大对这方面的弥补力度。信息技术作为未来经济社会发展的必然趋势,有助于促进养老服务智慧化和智慧型养老服务产业新业态的出现与发展。然而,这类政策工具在河南省养老服务政策中的使用比例相对较低,说明河南省养老服务在未来智慧化发展的能力和水平还有待提高,因此,在未来的养老服务政策制定中,河南省政府要持续关注信息技术对养老服务创新的支持作用。另外,老年人的身体健康是养老服务过程中特别需要关注的重点内容,养老机构要注重老年人的心理护理,及时了解老年群体的生活、就医等需求,在政策制定时要对公共卫生方面的政策工具有所倾斜。

(3)需求型政策工具重点运用了社会参与、提供补贴、政府购买三个政策工具,分别占比35.97%、26.48%、13.44%;而宣传教育(5.93%)、刺激消费(1.19%)基本上很少涉及。消费作为拉动经济增长的主要手段之一,在一定程度上会影响养老产业的发展,可见河南省的养老服务整体上缺乏一定的内生动力。需求型政策工具是通过刺激消费、政府购买等外部手段增加整个社会的养老服务需求,推动养老服务产业加速发展,增加养老服务市场的稳定性,相较于供给型和环境型政策来说,需求型政策工具起的作用效果更为直接。政府购买在一定程度上能够减轻政府在养老服务方面的成本,降低政府在财力、物力方面投入的压力,提高工作效率,满足老年群体的个性化养老服务需求,是值得推广的政策工具,但在实际运用中,河南省政府在政策制定时对这几方面发挥的作用有所忽略,导致养老服务政策在实施过程中未能充分发挥需求型政策工具的价值,影响了其对养老服务产业发展的直接有效拉动作用。因此,河南省在未来的养老服务政策制定中,要加强对需求型政策工具的运用,利用内生动力拉动养老服务的发展。

从政策的发文层次来看,省级和各地市的养老服务产业政策存在同样的问题:环境型、供给型的政策工具居多,需求型政策工具较少。同时,省级环境型和供给型政策数量多于各地市,而需求型的政策工具相较于各地市来说,数量较少。需求型政策工具中,省级层面的侧重点与地方有所不同,地方较多运用引导社会参与(35.97%)、提供补贴(26.48%)、政府购买(13.44%)等具体性的措施,而省级层面的需求型政策侧重于从宏观上增加整个社会的养老服务需求,如重视社会参与(36.54%)、海外交流(21.15%)和宣传教育(15.38%)。

(三)政策工具演变分析

1.整体演变趋势

2000年以来,河南省制定和实施了一系列养老服务政策,综合运用了供给型、需求型、环境型三类政策工具,给予养老服务发展全方面的支持,进而促进养老事业向着全面且协调的方向迈进,图3-4展示了河南省养老服务政策工具随着时间发展的使用演变情况。

图3-4　河南省养老服务政策工具使用的演变情况

从时间角度来看,2010年以前,三种类型的政策工具投入比例较低,2010年以后政策工具投入比例出现波动增长,2017年三种政策工具投入数量达到顶峰,政策工具使用情况与政策颁布数量的变化情况相吻合。从三种政策工具类型的使用情况来看,环境型政策工具的使用比例总体上高于供给和需求型政策工具,增长速度较快;供给型政策工具在2015年以后以直线速度加速增长,与环境型政策工具数量的差距逐渐缩小;需求型政策工具增速较为平稳,所占三种政策工具类型的比例较低,但总体上也趋于不断增加的态势。

2. 分类型演变特点

结合前文河南省养老服务政策随时间趋势的变化特征,将其分为三个阶段,即初步发展阶段、快速增长阶段与稳步增长阶段。在此基础上,对河南省的养老服务政策工具的使用情况进行时间上的比较研究。如图3-5所示,河南省政府在三个发展阶段中都投入了三种类型的政策工具,但具体的使用比率有不同幅度的变动。其中,2000—2009年是河南省养老服务政策的初步发展阶段,在该阶段供给型政策工具的使用比例较高,接近于总体使用率的一半,其次是环境型政策工具占总体使用率的约36%,需求型政策工具使用比例最低,三种类型的政策工具使用比率较其他两个年段相对均衡。2010—2017年为河南省养老服务政策的快速增长阶段,在该阶段环境型的使用比例有所提高,约占总体使用比率的一半,但供给型和需求型的使用比例有所下降;2018—2022年是河南省养老服务政策的稳步增长阶段,供给型政策工具的使用比例有所上升,与环境型政策工具的使用比例的差距有所缩小,需求型政策工具的使用比例较为稳定。

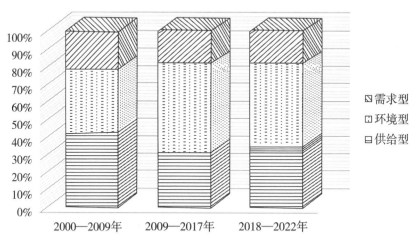

图3-5 不同发展阶段的河南省养老服务政策工具使用分布图

总的来说,每个阶段中的政策工具使用比例大致相似,主要表现为:环境型>供给型>需求型。需求型政策工具占比较低,甚至有所下降,可以解释为河南省的养老服务需求意识有所提升,不再完全依靠政策刺激,要更加注重构建和谐的养老服务发展环境,让养老服务变得更加丰富更有质量。由于发展阶段不同导致了养老服务的发展情况和需求不同,所以河南省政府对不同阶段的政策工具使用情况进行了小幅度变动。这样更有利于养老服务政策供给紧跟实际发展情况,出台更加适宜养老服务发展的政策文本,推动河南省养老事业和养老产业科学化发展。

(1)在供给型政策工具中,三个阶段的使用情况各不相同,具体分布情况:在2000—2009年的政策文本中,仅涉及医养结合、资金投入、人才培养和公共卫生四个子工具类型,而且数量较少,其余子工具类型存在缺失;后两个阶段的政策文本包含了所有的子工具类型,其中医养结合、人才培养、信息技术三个子工具均在这两个阶段中占据了较大比例;另外,医养结合、人才培养、公共卫生三个供给型子工具均经历了三个阶段的变化,且在每个阶段的使用频率都持续上升,除此之外,信息技术的使用次数也不断增加,而土地供给和示范工程却相反,在2018—2022年这两个供给型政策子工具的使用频率是下降的,可能是随着养老服务发展逐渐趋于成熟,在土地供给和发展示范试点方面的投入会有所减少,因此这两个供给型政策子工具的使用次数会出现下降的情况。根据不同阶段供给型政策工具的使用情况,可以看出河南省逐渐重视医养结合型的养老模式,发展前景良好,人才和信息技术作为养老服务不可缺少的发展要素,要注意继续完善和加强人才公共服务,为人才发展提供基本保证。具体使用分布情况如图3-6所示。

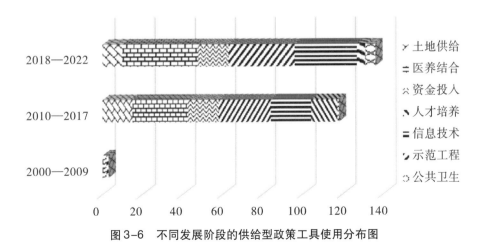

图3-6　不同发展阶段的供给型政策工具使用分布图

（2）在环境型政策工具中，三个阶段的环境型政策工具整体使用情况：策略措施、标准设计和法规管制三种政策工具使用的频次较高，协同治理和税收优惠两类工具运用的数量最少。策略性措施和标准化设计的使用频率最高，并且在2010—2017年段达到了顶峰。标准化设计在每个阶段均呈现逐渐增加的趋势，税收优惠和市场化运作的使用频率在2018—2022年的使用频率出现了小幅度下降，分别从11次下降到6次，从24次下降到19次，相较于河南省利用策略性措施而言，在税收优惠和金融领域的支持显得比较薄弱。协同治理在2000—2009年出现了缺失，后两个阶段在该领域的政策数量也较少，这一现象说明河南省各政策主体部门对合作治理的重视程度较低。在河南省养老服务环境型政策工具中，要提高各部门的协同治理能力，加强相关部门的配合力度，同时要积极发挥金融和税收优惠政策的联动效应，鼓励企业和其他社会力量积极参与到养老服务体系建设中来。具体的环境型政策工具使用分布情况如图3-7所示。

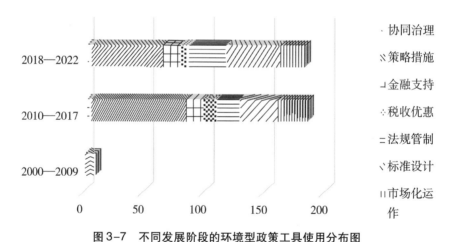

图3-7　不同发展阶段的环境型政策工具使用分布图

（3）在需求型政策工具中，三个阶段的环境型政策子工具使用情况存在差异，由图3-8可知，提供补贴、宣传教育的使用频率在三个阶段发展趋势呈现大幅度递增，说明河南省政府在需求型政策中重视对老年主体的物质补贴和精神帮扶；社会参与贯穿了三个发展阶段，在2010—2017年的使用频率达到顶峰，共出现29次，接近政策工具总体使用数量的一半；刺激消费的政策支持力度在2018—2022年有所下降，具体从2010—2017年的6次下降到 2018—2022 年的 3 次；海外交流的政策工具在 2000—2009 年出现了缺失，需要重点关注，在对之前的养老服务政策研究文献中也发现，海内外交流是养老服务发展中容易忽略的一个方向，政府要注重地区间的交流借鉴，将成功经验与当地实际情况相结合，更好促进养老服务发展转型升级；互助养老措施的运用也始终处于较低水平，增幅较缓，作为社区养老补充的一种新型养老模式，能够依靠普通居民间的相互帮扶解决老年人生活照料、精神慰藉等方面的需求，河南省政府应加强对此方面的支持。

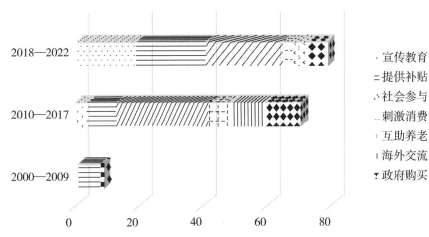

图 3-8　不同发展阶段的需求型政策工具使用分布图

第三节　讨论

一、养老服务政策体现高质量发展理念

党的十九大报告中首次提出"高质量发展"，高质量发展的要求不仅体现在经济发展中，也体现在民生保障等多个领域。党的二十大报告为进一步积极应对人口老龄化战略指明了发展方向：建立健全养老服务体系，实现养老服务高质量均衡发展。当前，我国的养老服务发展已经进入高质量发

展阶段,所构建的养老服务体系是对老年群体的晚年生活美好追求的重要保障。

(一)政策发展关注养老需求的动态变化

人口老龄化的快速发展引发全社会关注养老问题。2000 年,中共中央国务院颁布《关于加强老龄工作的决定》,系统提出要发展老年服务业,养老服务政策的正式出台意味着养老服务理念基本形成,河南省政府积极响应中央号召,印发了《河南省老龄事业发展"十五"计划纲要(2001—2005年)》,提出加快老龄事业发展步伐,并逐渐形成了更加清晰地养老服务体系建设思路,在各级部门出台的相关政策引领下,以"家庭为基础、社区为依托、机构为补充"的养老服务模式逐渐成熟。养老服务在每个时期的重点会随人民需求和社会变化不断调整,随着社会发展和时代变迁,老年人口在经济收入、家庭、健康、文化教育等方面都发生了较大的变化,这就决定了他们的各方面需求也呈现出新的特点。同时,信息网络技术、人工智能的飞速发展和广泛应用也为养老服务业的产业升级提供了有利的技术支撑。这一系列的变化,都能够在养老服务政策中找到落脚点,近几年的政策重点正是集中在医养结合、智慧养老等方面,表现出政策客体逐渐扩大、养老服务内容日益丰富、以高质量发展为导向的主要特点,反映了政策层面对新兴需求和养老服务业时代变化的积极回应。

(二)政策内容凸显养老服务提质增效

养老服务政策的根本目的是解决老年人基本生活需求,逐渐提高养老服务质量,改善老年人的生活品质。从已颁布的政策可以看出,政策内容的扩充逐渐倾向于提升老年群体的生活品质,如发展老年教育、老年体育、提供老年人专用产品、智能化养老等。2015 年《关于进一步加强新形势下老年人体育工作的实施意见》发布,引导更多老年人参加体育健身活动,实现"健康老龄化、积极老龄化";2017 年《河南省老年教育发展规划(2017—2020 年)》提出发展老年教育,是积极应对人口老龄化、实现教育现代化、建设学习型社会的重要举措,要把推动老年教育持续健康发展,作为当前和今后一个时期积极应对人口老龄化、大力发展老龄服务事业和产业、加快建设富强民主文明和谐美丽的现代化新河南的重要任务。随着社会跨入信息化时代,大数据正在改变我们生活的同时,也进一步嵌入了养老服务体系。河南省政府也积极探索新型养老供给模式,将信息技术、人工智能引入养老服务领域,提供个性化和多样化的养老服务,实现养老服务物联化、智能化,在最大程度上提高老年人的晚年生活质量,与此同时还制定了养老服务设施建设、养老服务质量和养老服务职业等标准,建立健全养老机构分类管理和养老服务评估制度。

随着河南省老龄化趋势逐渐加快,养老服务政策内容逐渐扩展到了社会保障、医疗保障、生活保障等多方面。最初为满足老年人的基本生活需求,政府出台了《河南省老龄事业发展"十五"计划纲要(2001—2005年)》,提出要建立政府、社会、家庭和个人相结合的经济供养体系,加快老龄事业发展步伐;2008年,《关于进一步加强老年人优待工作的意见》的出台继续坚持从老年人的实际需求出发,在保障老年人基本生活的前提下落实优待扶助政策,积极营造尊重、关心和照顾老年人的社会氛围;2012年,《河南省老龄事业发展"十二五"规划》基本建立了居家养老、社区照顾和机构供养相结合的养老服务体系,结构合理、管理规范的老龄产业发展体系初步建立,进一步完善了老年群体社会保障、老年医疗卫生保健、康复护理等政策内容。2017年,《河南省推进健康养老服务产业转型发展方案和若干政策》首次提出以满足老年人多层次、多样化的健康养老服务需求为出发点和落脚点,着力推动医养融合化发展,提高老有所养的质量;为更好地满足老年群体多层次多样化医疗服务需求,《河南省支持社会力量提供多层次多样化医疗服务实施方案》指出要提高全省办医规模,逐步形成多层次、多样化的医疗服务新格局。在此基础上,2020年,《关于深化医养结合促进健康养老发展的意见》从加快健康养老服务设施建设、完善医养结合服务机制、提升健康养老服务能力、加强健康养老发展保障四个方面持续深化医养结合发展。为满足老年群体财产安全、医疗护理等安全需求,河南省政府制定了《河南省老年人权益保障条例》,鼓励老年人学法、用法,依法维权。河南省政府充分发动企业、社区等社会力量以独资、合资、合作和股份制等形式参与养老服务体系建设。政策措施中对养老服务发展的支持方式重点放在建设、完善和监管等方面,规范发展、加强监管,为养老服务发展提供良好的环境,营造良好的市场秩序,促进养老服务更加健康、更为长远的发展。同时也注重通过竞争、激励、引导等方式推进养老服务高质量发展、促进养老服务项目品质化提升。

(三)政策目标实现多维覆盖

依据政策文本分析,河南省养老服务政策的目标基本涵盖了扩大供给规模、健全老年健康支撑体系、多业态融合发展、增强要素保障能力、营造适老宜居的社会环境等五个方面,其中,约38%的养老服务政策的目标集中在了增强要素保障能力方面,20%集中在健全老年健康支撑体系,而在扩大供给规模和营造适老宜居的社会环境两方面仅占10%左右。从这五个政策目标的逻辑关系上看,增强要素保障能力是根本,通过扩大供给规模进而健全老年健康支撑体系,而营造适老宜居的社会环境又是扩大供给规模的充分条件,多业态融合发展是健康支撑体系的发展样态和趋势。因此,河南省养老服务政策的施策重点落脚在根本目标上,同时也在多头推进,尽力达成政策目标多维覆盖。

二、政策工具存在结构失衡

(一)政策工具差异体现政府对环境型政策的偏好

一项政策工具难以孤立地发挥作用,需要同其他政策工具协调使用,不同的政策工具间会相互影响、相互作用。由前文统计结果可知河南省养老服务政策工具之间的差异主要体现在:环境型政策工具居多、供给型政策工具的数量仅次于环境型,需求型政策工具数量较少。从结构上看,环境型政策工具中应用较多的子工具类型是策略措施、标准设计和法规管制,但涉及协同治理、税收优惠、金融支持的政策内容较少;供给型政策工具的人才培养、医养结合、信息技术和资金投入应用较多;需求型政策工具总体占比较低,海外交流、互助养老、刺激消费、政府购买等直接有效拉动养老服务需求的要素缺乏。

政策工具使用差异在一定程度上体现了政策主体在政策制定时的政策工具偏好和路径依赖。比如,无论是在政策初步形成阶段还是政策稳定增长阶段,政策制定部门都倾向于供给型和环境型政策工具的运用,需求型政策工具的使用频率一直较低。沿用已有的政策工具路径要比创造新型政策工具简单便捷,因此政策制定者更偏好选择原先的政策工具。但是养老服务在不同发展阶段,体现出不同的发展问题和政策需求,应该及时根据供给和需求间的矛盾变化选择最适宜的政策工具,过多地依赖政策工具的原有路径会在一定程度上导致政策工具组合失衡,政策工具与政策目标的匹配性会降低,最终影响政策的实施效果。

(二)政策工具的特性影响需求型政策工具的选择

政策工具运用结构失衡,与政策工具本身的特性有关。每一种政策工具都有其局限性与可行性,需要匹配不同的条件,这对政策工具选择具有重要的影响。供给型政策工具以政府自身的资源为基础,对养老服务发展具有较为直接的推动作用,相较于环境型和需求型政策工具来说,供给型政策工具具有较强的目的性和针对性,在人口老龄化进程不断加快的背景下,养老服务发展的动力稍显不足,因此需要加强养老服务供给,这与政府部门对推动养老服务发展的实际需求高度契合,因此供给型政策工具被用作政府推动养老服务发展的常用工具之一。目前,河南省的养老服务政策处于相对稳定的发展阶段,政府不再需要对养老服务提供全方位供给,需要引导家庭、社会、市场等多元主体参与进来,逐渐实现养老服务"社会共治"的局面。在此阶段,环境型的政策工具就发挥了应有的作用,通过税收优惠、金融支持等持续且有效的激励措施来驱动多元市场主体参与到养老服务建设中来,不断开发家庭、市场和社会养老功能。而需求型政策工具作用的发挥有赖于成熟的养老服务发展市场,需要具备为老年群体提供个性化养老服务需求的能力。但现实情况是,我国的养老服务市场化建设能力较弱、市场需求不足,在一定程度上影响到了需求型政策工具作用的发挥,导致需求型政策工具对养老服务的拉力不足,因此该类政策工具的使用频次较低。

根据所整理的2000—2022年河南省养老服务政策样本,通过纵向的时序文本分析与横向的内容文本分析,形成如下两方面的研究结论。

第一,河南省养老服务政策理念随着国家战略及社会经济发展转型进行积极调整。老龄事业、老年服务业、养老服务体系、养老事业、养老产业、医养结合、智慧养老等一系列政策文本中的高频关键词,无不体现出养老服务政策演变,以及养老服务政策与其他社会经济政策的协调关系。随着养老服务政策联合发文的情况增多,也说明养老服务业涉及的相关部门的合作在逐渐增多,体现出养老服务已经从单纯的民政事务发展到成为影响整个经济社会发展全局的重大性问题,是一项总量大、覆盖面宽的社会性系统性工作。

第二,河南省养老服务政策目标是构建适应时代发展的健康养老服务体系。依据前文进行的词频分析与词云图分析,河南省养老服务政策的重点:养老服务内容方面强调健康养老,倡导医养结合;养老服务供给方面强调人才培养、资金、技术等养老服务产业发展要素;养老服务治理方面强调社会、政府、市场、社区等多元主体参与。同时,养老服务体系方面强调建设、规划与监管,说明河南省的养老服务体系建设尚不成熟。结合政策工具分析,河南省养老服务政策中环境型政策工具运用最多,几乎占了一半,强调市场运作、多元治理等;供给型政策工具运用约占三分之一,强调医养结合、智慧养老、示范工程等形成养老服务体系;需求型政策工具占比不到五分之一,主要集中在社会参与、老年互助、政府购买等。这些充分说明近些年河南省养老服务政策的作用导向转向市场运作的养老服务产业,通过创造市场运作的发展条件激励养老服务产业的发展。

第四章

河南省社会养老服务现状

第一节 河南省社会养老服务需求现状

截至 2022 年,河南省 65 岁及以上人口 1383 万人,占常住人口的 13.99%,已经接近深度老龄化社会。第七次人口普查数据显示,依据 60 岁以上老年人口占比,河南省人口老龄化分布呈现郑州老龄化率最低,各地市城区较低,而郊区县较高的空间结构,区域层面上,豫中和豫东地区的老龄化偏高。因此,在考察河南省养老服务需求时,重点选择老龄化偏高的农村地区数据。在考察河南省社会养老服务多元治理时,重点选择老龄化偏高的城市地区数据。

一、样本选择

2021 年"中国农村养老服务"河南地区的问卷调查中,以身份证为准选取 65 岁及以上老年人为访问对象,共有 1046 位老年人有效样本。其中男女比例相当,受教育水平为文盲、小学、初中的占 96.47%,处于亚健康和不健康状态的有 770 人,绝大多数老年人参加了城乡居民基本医疗保险和城乡居民基本养老保险,但仅有 1% 的人参加了职工基本养老保险。表 4-1 显示在低保特困收入区间内的有 783 人,低收入水平的也有 129 人。根据 80 岁领取高龄津贴的政策规定,低龄老人占总样本的 83.94%,高龄老人为 80 岁以上的群体有 168 人。

总的来看,调查对象具有受教育年限少、健康水平差、子女数量多但子女支持少、收入水平低的特点。调查样本的基本情况见表 4-1。

表 4-1　调查样本基本情况(N=1046)

变量	频数	百分比	变量	频数	百分比	变量	频数	百分比
性别			10 000~19 999	129	12.33	不好	462	44.17
男	525	50.19	20 000 以上	134	12.81	失能状况		
女	521	49.81	健在子女数量			非失能	631	60.33
年龄			1 个	40	3.82	失能	415	39.67
65~79	878	83.94	2 个	61	5.83	是否抑郁		
80~101	168	16.06	3 个及以上	945	90.34	是	272	26.00
文化程度			家人帮助			否	774	74.00
未上学	424	40.54	有	29	2.77	是否有养老保险		
初中以及下	585	55.93	无	1,017	97.23	是	977	93.40
高中及以上	37	3.54	与子女见面频率			否	69	6.60
婚姻状况			几乎天天	15	1.43	是否有医疗保险		
未婚或丧偶	373	35.66	每周或每月至少一次	42	4.02	是	999	95.51
已婚	673	64.34	几乎没有	989	94.55	否	47	4.49
个人年收入			主观健康			是不是低保特困人员		
0~4999	554	52.96	好	276	26.39	是	310	30.64
5000~9999	229	21.89	一般	308	29.45	否	736	70.36

社会养老服务供给质量的高低影响老年群体的生活质量,养老服务类型的多样化影响老年群体实际需求的满足程度。在我国大力推行社区居家

养老服务政策的背景下,多数学者从生活照料、医疗保健、社交娱乐、精神慰藉四个方面来界定养老服务类别。表4-2更清晰地展示服务项目包含的具体内容,借鉴河南省2022年公布的《河南省养老服务条例》,将居家社区养老服务认定为包括如表4-2所示的五类服务项目,同时根据定义将调查问卷中18项服务活动进行了分类合并,归纳为生活照料服务等13项服务内容,在此基础上进行的养老服务需求与供给分析更加直观便利。

表4-2 社会养老服务项目分类

日常生活服务	生活照料服务	①上门维修;②日间照料
	助餐服务	上门送餐
	助浴服务	提供擦洗身体的相关服务,包括上门助浴和站点内助浴
	助行服务	①陪同老年人外出;②陪同老人就医
	代办服务	包括取药、缴费、寄送快件、购物
	助洁服务	①上门洗床褥;②上门打扫卫生
健康护理服务	健康管理服务	①健康咨询和指导;②健康监测
	医疗康复服务	①康复辅助训练;②康复辅助器具租赁;③药事指导
法律服务	法律援助服务	无偿为经济困难者提供法律服务
安全保障服务	紧急求助服务	根据老年人需要必要时提供急救服务
	无障碍改造服务	为残疾人进行家庭无障碍设施改造
休闲娱乐服务	体育健身服务	涉及有关的体育基础设施建设
	文化娱乐服务	主要是以村或社区为主体组织举办的文娱活动

来源:根据《河南省养老服务条例》和问卷制作。

二、社会养老服务需求分布分析

(一)总体分布情况

依照表4-2的养老服务项目分类,针对样本数据整理河南省老年群体的社会养老服务需求,社会养老服务服务需求总体分布情况见表4-3。

表4-3　社会养老服务需求总体分布情况

个体特征		变量				
		日常生活服务需求	健康护理服务需求	法律服务需求	安全保障服务需求	休闲娱乐服务需求
性别	男	23.85	19.38	1.54	5.23	56.39
	女	22.59	16.03	0.78	3.67	58.88
年龄	65~79	22.69	17.39	1.26	4.03	57.49
	80~101	25.92	19.25	0.62	6.6	58.44
文化程度	未上学	23.86	15.75	0.96	5.73	54.17
	初中及以下	23.36	19.37	1.38	3.81	58.82
	高中及以上	13.41	13.41	0	0	78.21
婚姻状况	未婚或丧偶	23.89	16.76	0.54	4.94	58.24
	已婚	22.84	18.21	1.5	4.18	57.31
个人年收入	0~4999元	25.09	16.6	0.36	3.51	56.09
	5000~9999元	23.16	19.23	0.86	4.79	57.2
	10 000~19 999元	20.91	18.59	3.85	5.45	58.09
	20 000以上	17.9	18.678	2.24	6.71	64.2
失能状况	失能	24.02	21.08	1.21	5.88	60.54
	非失能	22.68	15.49	1.12	3.52	55.75
健在子女数量	1个	36.55	20	0	6.55	50
	2个	28.28	25	0	8.28	53.28
	3个及以上	22.31	17.16	1.27	4.13	58.15
家人帮助	有	23.43	17.67	1.19	4.88	59
	无	21.42	17.82	0.92	0.92	46.45
与子女见面频率	几乎天天	20	13.1	0	0	46.9
	每周或每月至少一次	21.43	11.82	2.46	4.68	38.18
	几乎没有	23.34	18.01	1.12	4.51	58.65
是否有养老保险	是	23.52	16.58	1.14	4.77	58.86
	否	18.89	33.28	1.5	0	40.63
是否有医疗保险	是	22.67	16.9	1.21	4.35	57.7
	否	34.83	34.83	0	6.52	56.4

续表4-3

个体特征		变量				
		日常生活服务需求	健康护理服务需求	法律服务需求	安全保障服务需求	休闲娱乐服务需求
是不是低保特困人员	是	22.91	18.28	1.65	4.64	53.83
	否	23.33	17.46	0.96	4.36	59.2

当从个体层面和家庭层面对养老服务需求进行描述性分析时,从表4-3中可以看出以下内容。

(1)除了法律服务以外,其他服务需求随年龄增长而提升。文化程度低的老人对基本服务需求更强烈,文化程度高的老人对娱乐需求更强烈。未婚或丧偶的单身老人对健康护理服务需求低,可能因为他们对医疗服务的需求高于已婚老人,问卷选项中的服务不能满足他们更高层次的健康需求。

(2)失能老人的养老服务需求意愿比非失能老人平均高出2.9个百分点。老人基本养老服务需求与子女数量、同子女互动频率负相关,说明家庭养老与社会养老之间存在替代关系。家人帮助总体上会增加对各项服务的需求,可能是因为其具有追求多样服务项目的倾向。

(3)是否有养老保险与医疗保险对老年人的养老服务需求影响较小。整体来看,具有养老保险的老年人的健康护理服务需求和法律服务需求稍低于没有养老保险的老年人,但是日常生活服务需求、安全保障服务需求和休闲娱乐服务需求都高于没有养老保险的老年人,其中的原因可能是具有养老保险对于老年人来讲,是一种可靠的经济保障,使得老年人能够更安心地选择多样化的养老服务。对于没有养老保险的老年人,由于缺乏稳定持续的类似养老保险这样的经济保障,就会更关注自身健康安全的需求。同样,具有医疗保险的老年人的日常生活服务需求、健康护理服务需求和安全保障服务需求稍低于没有医疗保险的老年人,法律服务需求和休闲娱乐服务需求均高于没有医疗保险的老年人,其中的原因与养老保险的情形类似。有趣的是,没有养老保险的老年人没有安全保障服务需求,没有医疗保险的老年人没有法律服务需求,也许正是因为没有养老保险和医疗保险,老年人才会更自觉地规范自己的需求,毕竟缺乏稳定持续的经济保障,只能把有限的费用花在刀刃上。

（4）低保特困人员对健康护理服务需求与安全保障服务需求比非低保特困人员高出 0.55 个百分点，原因可能是这类人员大多健康状况不佳，更注重健康保障。

（二）不同特征人群的需求分布情况

为了更清晰地分析不同年龄、不同收入情况、不同身体健康情况老年人的养老服务需求，绘制三维表观察不同特征人群的需求分布情况，见表4-4。调查结果显示，收入、年龄与失能状况导致主体对服务需求的优先次序的差异。

1. 按年龄与收入分组

表4-4 是不同年龄组不同收入的样本分布情况，从中可以看出以下几方面内容。

（1）在经济状况方面，收入为 0～4999 元的群体对养老服务需求前七项分别是上门送餐（70%）、上门洗床褥（67.74%）、代缴代购（64%）、上门打扫（63.49%）、文化娱乐活动（57.64%）、运动设施（57.35%）、上门助浴（52.63%）；收入为 5000～9999 元的群体最紧迫需求从高到低分别是无障碍改造（54.54%）、陪同外出（38.89%）、日间照料（35.48%）、站点内助浴（33.33%）、陪同就医（29.16%）、药事指导（25.71%）、健康监测（23.77%）；收入为 10 000～19 999 元的群体对养老服务需求前七项分别是法律援助（41.66%）、站点内助浴（33.34%）、上门维修（20%）、康复辅助器具租赁（20%）、康复辅助训练（17.78%）、代缴代购（16%）、上门助浴（15.79%）；收入为 20 000 元以上的群体对养老服务需求从高到低分别是康复器具租赁（40%）、上门维修（25%）、法律援助（25%）、紧急求助（23.07%）、陪同外出（22.22%）、站点内助浴（16.67%）、上门助浴（15.79%）。

（2）在年龄方面，65～79 岁老年人的社会养老服务需求从高到低依次是康复辅助器具租赁、日间照料、法律援助、陪同外出、康复辅助训练、健康咨询指导、陪同就医、上门维修、文化娱乐、代缴代购、运动设施、上门打扫、健康监测、药事指导、紧急求助、上门洗床褥、上门送餐、上门助浴、无障碍改造、站点内助浴。

表4-4　需求状况在不同年龄特征中的样本分布（%）

老年社会养老服务需求			年龄（岁）:65~79					年龄（岁）:80~101				
			0~4999元	5000~9999元	10000~19999元	20000元以上	合计	0~4999元	5000~9999元	10000~19999元	20000元以上	合计
日常生活	上门维修	需要	35.00	15.00	15.00	20.00	85	0.00	5.00	5.00	5.00	15
	日间照料	需要	38.71	35.48	9.68	9.68	93.55	3.23	0.00	0.00	3.23	6.46
	上门送餐	需要	56.67	10.00	6.67	3.33	76.67	13.33	4.44	3.33	2.22	23.32
	上门助浴	需要	36.84	10.53	15.79	10.53	73.69	15.79	5.26	0.00	5.26	26.31
	站点内助浴	需要	16.67	33.33	16.67	0.00	66.67	0.00	0.00	16.67	16.67	33.34
生活	陪同外出	需要	22.22	33.33	11.11	22.22	88.88	5.56	5.56	0.00	0.00	11.12
	陪同就医	需要	39.58	27.08	10.42	8.33	85.41	6.25	2.08	2.08	4.17	14.58
	代缴代购	需要	54.00	16.00	14.00	2.00	83.84	10.00	0.00	2.00	2.00	16.17
	上门打扫	需要	52.38	19.05	7.94	3.17	82.54	11.11	2.38	2.38	1.59	17.46
	上门洗床褥	需要	55.91	11.83	5.38	4.30	77.42	11.83	5.38	3.23	2.15	22.59
健康护理	健康咨询和利指导	需要	42.37	22.88	11.86	8.47	85.58	7.63	0.85	1.69	4.24	14.41
	健康监测	需要	35.25	22.13	13.93	10.66	81.97	9.84	1.64	1.64	4.92	18.04
	康复辅助训练	需要	35.56	22.22	15.56	13.33	86.67	8.89	0.00	2.22	2.22	13.33
	康复辅助器具租赁	需要	20.00	20.00	20.00	40.00	100	0.00	0.00	0.00	0.00	0.00
	药事指导	需要	41.43	20.00	11.43	8.57	81.43	10.00	5.71	1.43	1.43	18.57

续表4-4

老年社会养老服务需求			年龄(岁):65~79					年龄(岁):80~101				
			0~4999元	5000~9999元	10000~19999元	20000元以上	合计	0~4999元	5000~9999元	10000~19999元	20000元以上	合计
法律	法律援助	需要	16.67	16.67	33.33	25.00	91.67	0.00	0.00	8.33	0.00	8.33
安全	紧急求助	需要	28.21	17.95	12.82	20.51	79.49	15.38	0.00	2.56	2.56	20.5
保障	无障碍改造	需要	9.09	45.45	9.09	9.09	72.72	18.18	9.09	0.00	0.00	27.27
休闲	运动设施	满意	47.35	16.47	10.88	9.12	83.82	10.00	2.94	1.47	1.76	16.17
娱乐	文化娱乐活动	满意	47.87	17.54	10.78	8.52	84.71	9.77	2.76	1.25	1.50	15.28

2. 按收入与健康状况分组

在经济状况方面,收入为 0 ~ 4999 元、5000 ~ 9999 元、10 000 ~ 19 999 元、20 000 元以上群体的服务需求占比同表 4-5 基本一致,因此优先次序不变。这恰恰说明了表 4-5 的计算过程中没有出现错误,具有一定的稳健性。在健康状况方面,根据合计列的数据大小排序,发现非失能老人的服务需求从高到低依次是陪同外出、日间照料、上门打扫、陪同就医、文化娱乐活动、运动设施、上门洗床褥、上门送餐、康复辅助器具租赁、法律援助、药事指导、健康监测、健康咨询指导、康复辅助训练、紧急求助、代缴代购、无障碍改造、上门维修、上门助浴、站点内助浴。

值得注意的是,尽管非失能老人对多数服务项目需求度的占比高于失能老人,但是失能老人回答"需要"选项的比持"不需要"态度的比例大,表明相较于非失能老人,他们的各项需求更迫切、更需要被优先满足。

3. 按年龄与健康状况分组

在个体特征方面,年龄测算的比例与表 4-5 中相差无几,因此需求排序从高到低依然一致。在健康状况方面,非失能老人、失能老人各项需求占比也与表 4-6 结果一致,优先次序也保持不变。结合三个表格,可以形成如下两方面结论。

(1)经济状况方面,上门送餐、上门洗床褥、上门打扫这三项日常生活服务需求和药事指导、健康监测、健康咨询指导这三项健康护理服务需求随个人收入增加而下降;上门维修、站点内助浴、紧急求助、法律援助服务需求随个人收入增加而上升。陪同就医、日间照料、无障碍改造需求呈正"U"型,而上门助浴的需求呈倒"U"型,代缴代购、康复辅训、陪同外出分别呈正"N"、倒"N"和"M"型,其余服务需求没有随着收入增加呈现显著的次序变动。

(2)不管是低龄还是高龄,不管是失能还是非失能老人,对运动设施和文化娱乐活动都有着中等程度的需求。高龄老人和失能老人对紧急求助的需求强烈,低龄老人和非失能老人更关注基本日常生活服务和健康护理服务。

表4-5　需求状况在不同健康状态中的样本分布（%）

	老年社会养老服务需求		非失能老人					失能老人				
			0~4999元	5000~9999元	10 000~19 999元	20 000元以上	合计	0~4999元	5000~9999元	10 000~19 999元	20 000元以上	合计
日常生活	上门维修	需要	10.00	5.00	5.00	15.00	35	25.00	15.00	15.00	10.00	65
	日间照料	需要	29.03	29.03	9.68	3.23	70.97	12.90	6.45	0.00	9.68	29.03
	上门送餐	需要	44.44	7.78	6.67	3.33	62.22	25.56	6.67	3.33	2.22	37.78
	上门助浴	需要	5.26	5.26	5.26	10.53	26.31	47.37	10.53	10.53	5.26	73.69
	站点内助浴	需要	0.00	0.00	16.67	0.00	16.67	16.67	33.33	16.67	16.67	83.34
	陪同外出	需要	22.22	27.78	11.11	22.22	83.33	5.56	11.11	0.00	0.00	16.67
	陪同就医	需要	25.00	20.83	10.42	8.33	64.58	20.83	8.33	2.08	4.17	35.41
	代缴代购	需要	26.00	8.00	10.00	2.00	46	38.00	8.00	6.00	2.00	54
	上门打扫	需要	42.06	15.87	7.94	3.17	69.04	21.43	5.56	2.38	1.59	30.96
	上门洗床褥	需要	44.09	8.60	5.38	4.30	62.37	23.66	8.60	3.23	2.15	37.64
健康护理	健康咨询指导	需要	25.42	14.41	6.78	5.93	52.54	24.58	9.32	6.78	6.78	47.46
	健康监测	需要	25.41	14.75	7.38	7.38	54.92	19.67	9.02	8.20	8.20	45.09
	康复辅助训练	需要	22.22	8.89	8.89	11.11	51.11	22.22	13.33	8.89	4.44	48.88
	康复辅助器具租赁	需要	20.00	0.00	20.00	20.00	60	0.00	20.00	0.00	20.00	40
	药事指导	需要	31.43	14.29	4.29	5.71	55.72	20.00	11.43	8.57	4.29	44.29

续表 4-5

老年社会养老服务需求			非失能老人					失能老人				
			0~4999元	5000~9999元	10000~19999元	20000元以上	合计	0~4999元	5000~9999元	10000~19999元	20000元以上	合计
法律	法律援助	需要	8.33	8.33	25.00	16.67	58.33	8.33	8.33	16.67	8.33	41.66
安全	紧急求助	需要	12.82	10.26	10.26	15.38	48.72	30.77	7.69	5.13	7.69	51.28
保障	无障碍改造	需要	9.09	18.18	9.09	0.00	36.36	18.18	36.36	0.00	9.09	63.63
休闲	运动设施	满意	37.35	10.88	8.82	7.35	64.4	20.00	8.53	3.53	3.53	35.59
娱乐	文化娱乐活动	满意	36.84	12.28	8.77	6.52	64.41	20.80	8.02	3.26	3.51	35.59

表 4-6　需求状况在不同个体特征中的样本分布(%)

老年社会养老服务需求			年龄(岁):65~79			年龄(岁):80~101		
			非失能老人	失能老人	合计	非失能老人	失能老人	合计
日常生活	上门维修	需要	35.00	50.00	85	0.00	15.00	15
	日间照料	需要	67.74	25.81	93.55	3.23	3.23	6.46
	上门送餐	需要	48.89	27.78	76.67	13.33	10.00	23.33
	上门助浴	需要	26.32	47.37	73.69	0.00	26.32	26.32
	站点内助浴	需要	16.67	50.00	66.67	0.00	33.33	33.33
	陪同外出	需要	83.33	5.56	88.89	0.00	11.11	11.11
	陪同就医	需要	64.58	20.83	85.41	0.00	14.58	14.58
	代缴代购	需要	46.00	40.00	86	0.00	14.00	14
	上门打扫	需要	58.73	23.81	82.54	10.32	7.14	17.46
	上门洗床褥	需要	49.46	27.96	77.42	12.90	9.68	22.58
健康护理	健康咨询指导	需要	50.00	35.59	85.59	2.54	11.86	14.4
	健康监测	需要	51.64	30.33	81.97	3.28	14.75	18.03
	康复辅助训练	需要	46.67	40.00	86.67	4.44	8.89	13.33
	康复辅助器具租赁	需要	60.00	40.00	100	0.00	0.00	0
	药事指导	需要	51.43	30.00	81.43	4.29	14.29	18.58

续表 4-6

老年社会养老服务需求			年龄（岁）:65~79			年龄（岁）:80~101		
			非失能老人	失能老人	合计	非失能老人	失能老人	合计
法律	法律援助	需要	58.33	33.33	91.66	0	8.33	8.33
安全	紧急求助	需要	48.72	30.77	79.49	0.00	20.51	20.51
保障	无障碍改造	需要	27.27	45.45	72.72	9.09	18.18	27.27
休闲	运动设施	满意	58.24	25.59	83.83	6.18	10.00	16.18
娱乐	文化娱乐活动	满意	58.15	26.57	84.72	6.27	9.02	15.29

(三)讨论

1. 结论

通过对 2021 年的河南农村三地养老服务调查数据的描述性统计分析,形成如下三方面结论。

(1)老年人对社会养老服务需求整体不高,可能的原因是个人和家庭收入水平不高以及传统家庭养老的观念仍占据主流地位。

(2)失能且低收入老人对上门维修服务更为迫切,究其原因是这部分老人依赖家庭养老,上门维修的技术类工作是家人无法完成的备选。高龄且低收入老人对无障碍改造服务需求的排名靠前,可能是因为年龄越大越渴望享受预防性措施以减少失能隐患。高龄且失能老人对安全保障、日常生活和健康护理服务项目的需求高于其他群体,这类群体的强脆弱性特征导致其方方面面都需要照料。

(3)各组老年人都对休闲娱乐服务具有中等程度的需求,这可能是因为农村人口流动导致空巢老年数量增多,精神上的匮乏使之对参加社区组织娱乐活动、交流村民感情十分乐意。

2. 原因

河南省农村老年人对社会养老服务需求整体不高,缘何如此? 究其原因,可归结为三方面。

(1)购买欲望低。服务质量的优劣是影响老年人需求决策的重要因素。首先,农村养老服务中心的工作人员多为中高龄群体,也没有经过专业培训,非持证上岗,不管是利用信息网络记录档案的水平还是提供专项养老服务项目的工作都无法满足服务对象需求。其次,供给集中在日常生活服务这类满足基本需求的项目上,但健康咨询和指导、康复辅助训练、药事指导、法律援助等服务十分欠缺。70% ~ 80% 的农村老人患有多种慢性病,其中88.74% 的老人希望享受完善的居家养老服务,但是上门看病和家庭医生签约服务数量和质量都不高①。最后,农村的基础设施尚不完备。44.5% 和

---

① 杜智民,康芳. 农村社区居家养老服务供给精准化的实践困境与优化路径[J]. 重庆社会科学,2020(9):130—140.

40%的老人家属认为老人急需参与各种文体活动、建立社区老年活动中心以满足精神需求,然而娱乐场所有限、基础设施简陋、举办活动单一使服务质量不高,87%的老人表示对基础设施建设不满意。①

(2)购买能力低。首先,一些外地打工的老年人退休以后收入下降,早年的储蓄可能因子辈娶妻生子等大事而所剩无几。其次,家庭支持重心在子女教育和房贷还款上,对老年人服务供给的资金投入被放置于支出的末位。最后,作为退休后的重要资金来源,农村养老金远低于城市平均水平,补缺型服务供给对象又往往以"低保户""建档立卡"者为主,边缘贫困群体所享受的福利补贴微乎其微。

(3)无法达成目标需求。首先,老年人对政府购买养老服务认知不清、拥有权利意识淡薄。提供服务是政府的责任,享受服务是老年人的权利,但是农村老人思想保守、认知较少而不敢表达自己的需求,这可能也是导致需求调查结果低的一个重要原因。其次,政府自上而下的养老服务供给模式缺乏需求调查基础,容易出现"供不应求"和"供过于求"的非均衡供给行为。最后,农村市场机制不健全。外来机构不愿进村、本地机构缺乏运营经验、农村各种资源匮乏导致市场参与不足,市场在资源配置方面的主体地位没有充分发挥作用致使供给决策滞后,难以及时、精准满足农村老人需求。

3. 启示

(1)河南省社会养老服务需求排序。为了更清楚地辨析河南省社会养老服务需求类型在不同特征老年群体中的优先次序,下面对上述分析数据进行整合排序,根据表4-4、表4-5和表4-6进行的需求排序如表4-7所示,可以得到以下结论。

---

① 张晨寒,牛乐政.河南省城市社区居家养老服务探索——以郑州市郑纺机社区为例[J].社会福利(理论版),2015(2):59-63.

表4-7 社会养老服务需求排序

	低龄				高龄				非失能				失能			
	低保	特困	一般	较高	低保	特困	一般	较高	低保	特困	一般	较高	低保	特困	一般	较高
上门维修	14	17	6	5	20	6	3	3	16	18	19	5	5	4	3	3
日间照料	10	2	16	11	16	20	20	7	5	1	8	16	17	19	20	4
上门送餐	1	20	19	17	4	7	4	11	1	16	16	15	4	18	13	16
上门助浴	11	19	4	10	2	5	20	2	19	17	18	7	1	8	4	12
站点内助浴	18	3	3	20	20	20	1	1	20	20	3	20	16	2	1	2
陪同外出	16	3	14	3	15	3	20	20	12	2	4	1	19	7	20	20
陪同就医	8	5	15	15	14	11	9	6	11	3	5	8	12	14	16	15
代缴代购	3	16	7	19	9	20	10	14	8	15	7	18	2	16	9	18
上门打扫	4	13	18	18	6	10	7	15	3	5	13	17	10	20	15	19
上门洗床褥	2	18	20	16	5	4	5	13	2	13	17	14	7	13	14	17
健康咨询指导	5	6	10	14	13	13	11	5	9	8	15	12	6	9	8	11
健康监测	13	8	8	8	11	12	12	4	10	7	14	9	14	10	7	7
康复辅助训练	12	7	5	6	12	20	8	11	12	12	10	6	8	5	5	13
康复辅助器具租赁	17	11	2	1	20	20	20	20	14	20	2	2	20	3	20	1
药事指导	6	11	13	13	9	2	13	16	4	10	20	13	13	6	6	14

续表 4-7

	低龄				高龄				非失能				失能			
	低保	特困	一般	较高	低保	特困	一般	较高	低保	特困	一般	较高	低保	特困	一般	较高
法律援助	18	15	1	2	20	20	2	20	18	14	1	3	18	14	1	6
紧急求助	15	14	9	4	3	20	6	9	15	11	6	4	3	17	10	9
无障碍改造	20	1	17	12	1	1	20	20	17	4	9	20	15	1	20	5
运动设施	7	9	11	8	8	9	15	10	6	6	12	11	9	12	12	10
文娱活动	9	10	11	7	7	8	14	7	7	9	11	10	11	11	11	8

1）低龄老人中，上门维修、康复辅助器具租赁、法律援助和紧急求助的需求随收入增加而上升；上门打扫、健康咨询指导和药事指导的需求随收入上升而下降；站点内助浴需求随收入增加呈倒"U"型。其中，低收入老人对健康咨询指导的需求排名比较靠前，高收入老人对上门维修、康复辅助训练、康复辅助器具租赁和法律援助的服务需求更迫切。

2）高龄老人中，上门维修、站点内助浴、陪同就医和健康咨询指导的需求随着收入水平上升而增加；无障碍改造的需求随收入增加而下降，低保和特困老人的需求排第一，但一般和较高收入需求为倒数第一；上门助浴需求随收入增加呈"U"型。上门送餐、上门助浴、上门洗床褥和无障碍改造服务对低收入群体来说更重要，高收入老人则更偏好上门维修和站点内助浴两项服务。

3）非失能老人中，上门助浴、康复辅助训练和紧急求助的需求随收入增加而上升；上门打扫的需求随收入增加而下降；站点内助浴、陪同就医和无障碍改造需求随收入增加呈倒"U"型。低收入老人对日间照料、上门打扫和运动设施需求大于高收入老人；陪同外出、康复辅助器具租赁、法律援助和紧急求助服务的需求次序则是高收入老人更高些。

4）失能老人中，上门维修和健康监测的需求随收入增加而上升；上门洗床褥的需求随收入增加而下降；陪同外出、康复辅助训练和药事指导需求随收入增加呈倒"U"型。低收入老人对上门维修的需求更迫切,高收入老人对上门维修、站点内助浴、健康监测和法律援助的需求具有更强烈的意愿。

5)低龄失能老人和高龄失能老人的需求共性在于对上门维修、上门助浴、站点内助浴、无障碍改造这四项服务有更为强烈的需求意愿。

综合来看,不论利用何种方式划分的老年群体都具有中等程度的休闲娱乐项目的服务需求。收入较低的老人对基本日常生活服务项目的服务供给具有更显著的需求意愿,收入高的老人对各种服务都有一定程度的需求,主要集中在个人无法完成的服务和预防性服务方面,如上门维修、法律援助、紧急求助等。

(2)河南省社会养老服务清单。基于以上对农村需求低的成因分析,可知当前应先满足需求最紧迫的群体。养老服务作为一项复杂的公共产品,供给模式包括政府主导、政府补贴和市场主导,其中政府主导包括市场化运营和免费提供两种方式。三种模式的差异在于在产品投入、生产、运营、扩散的过程中,政府是否采用了激励手段、是不是直接供给。[①] 政府和市场的供给格局取决于服务对象的特征和服务的内容。对于弱势群体如高龄老人、失能老人、特困老人,需通过政府兜底以实现老年群体机会均等;对于非失能老人和基本需求少的群体,应采用市场主导的方式以减轻政府的财政负担;对于其他老年群体,则应当采用补贴的方式实现普惠目标。[②] 服务内容方面,根据马斯洛的需求层次理论,生活照料和医疗保健属于基本公共服务,应首先获得满足;社交娱乐服务属于高层次的基本公共服务,应逐步推进以提高公众幸福感。同时,借鉴以往文献的排列方式,基于描述性统计分析结果,本书在该部分将需求划分为优先项目(7项)、其次项目(7项)和延后项目(6项)。据此,结合以上表格列出需求服务清单,如表4-8所示。

---

① 周国华,胡慧中,李施瑶.公平偏好视角下复杂产品共性技术供给模式研究[J].科技管理研究,2019,39(21):113-121.

② 唐敏.失能老人养老服务的理论模型、系统构成与支持体系[J].社会保障评论,2018,2(2):148-156.

表4-8 社会养老服务需求清单

服务对象	类别	服务项目优先顺序	供给模式
低龄老人	低保	上门送餐、上门洗床褥、代缴代购、上门打扫、健康咨询指导、药事指导、运动设施、陪同就医、文化娱乐、日间照料、上门助浴、康复辅助训练、健康监测、上门维修、紧急求助、陪同外出、康复辅助器具租赁、法律援助和站点内助浴、无障碍改造	政府主导
	特困	无障碍改造、日间照料、陪同外出和站点内助浴、陪同就医、健康咨询指导、康复辅助训练、健康监测、运动设施、文化娱乐、康复辅助器具租赁和药事指导、上门打扫、紧急求助、法律援助、代缴代购、上门维修、上门洗床褥、上门助浴、上门送餐	
	收入一般	法律援助、康复辅助器具租赁、站点内助浴、上门助浴、康复辅助训练、上门维修、代缴代购、健康监测、紧急求助、健康咨询指导、文化娱乐和运动设施、药事指导、陪同外出、陪同就医、日间照料、无障碍改造、上门打扫、上门送餐、上门洗床褥	政府补贴
	收入较高	康复辅助器具租赁、法律援助、陪同外出、紧急求助、上门维修、康复辅助训练、文化娱乐、运动设施、健康监测、上门助浴、日间照料、无障碍改造、药事指导、健康咨询指导、陪同就医、上门洗床褥、上门送餐、上门打扫、代缴代购、站点内助浴	市场主导
高龄老人	低保	无障碍改造、上门助浴、紧急求助、上门送餐、上门洗床褥、上门打扫、文化娱乐、运动设施、代缴代购和药事指导、健康监测、康复辅助训练、健康咨询指导、陪同就医、陪同外出、日间照料	政府主导
	特困	无障碍改造、药事指导、陪同外出、上门洗床褥、上门助浴、上门维修、上门送餐、文化娱乐、运动设施、上门打扫、陪同就医、健康监测、健康咨询指导	
	收入一般	站点内助浴、法律援助、上门维修、上门送餐、上门洗床褥、紧急求助、上门打扫、康复辅助训练、陪同就医、代缴代购、健康咨询指导、健康监测、药事指导、文化娱乐、运动设施	政府补贴
	收入较高	站点内助浴、上门助浴、上门维修、健康监测、健康咨询指导、陪同就医、日间照料、文化娱乐、紧急求助、运动设施、康复辅助训练和上门送餐、上门洗床褥、代缴代购、上门打扫、药事指导	市场主导

续表 4-8

服务对象	类别	服务项目优先顺序	供给模式
非失能老人	低保	上门送餐、上门洗床褥、上门打扫、药事指导、日间照料、运动设施、文化娱乐、代缴代购、健康咨询指导、健康监测、陪同就医、康复辅助训练和陪同外出、康复辅助器具租赁、紧急求助、上门维修、无障碍改造、法律援助、上门助浴、站点内助浴	政府主导
	特困	日间照料、陪同外出、陪同就医、无障碍改造、上门打扫、运动设施、健康监测、健康咨询指导、文化娱乐、药事指导、紧急求助、康复辅助训练、上门洗床褥、法律援助、代缴代购、上门送餐、上门助浴、上门维修	
	收入一般	法律援助、康复辅助器具租赁、站点内助浴、陪同外出、陪同就医、紧急求助、代缴代购、日间照料、无障碍改造、康复辅助训练、文化娱乐、运动设施、上门打扫、健康监测、健康咨询指导、上门送餐、上门洗床褥、上门助浴、上门维修、药事指导	政府补贴
	收入较高	陪同外出、康复辅助器具租赁、法律援助、紧急求助、上门维修、康复辅助训练、上门助浴、陪同就医、健康监测、文化娱乐、运动设施、健康咨询指导、药事指导、上门洗床褥、上门送餐、日间照料、上门打扫、代缴代购	市场主导
失能老人	低保	上门助浴、代缴代购、紧急求助、上门送餐、上门维修、健康咨询指导、上门洗床褥、康复辅助训练、运动设施、上门打扫、文化娱乐、陪同就医、药事指导、健康监测、无障碍改造、站点内助浴、日间照料、法律援助、陪同外出、康复辅助器具租赁	政府主导
	特困	无障碍改造、站点内助浴、康复辅助器具租赁、上门维修、康复辅助训练、药事指导、陪同外出、上门助浴、健康咨询指导、健康监测、文化娱乐、运动设施、上门洗床褥、陪同就医和法律援助、代缴代购、紧急求助、上门送餐、日间照料、上门打扫	
	收入一般	站点内助浴和法律援助、上门维修、上门助浴、康复辅助训练、药事指导、健康监测、健康咨询指导、代缴代购、紧急求助、文化娱乐、运动设施、上门送餐、上门洗床褥、上门打扫、陪同就医	政府补贴
	收入较高	康复辅助器具租赁、站点内助浴、上门维修、日间照料、无障碍改造、法律援助、健康监测、文化娱乐、紧急求助、运动设施、健康咨询指导、上门助浴、康复辅助训练、健康药事指导、陪同就医、上门送餐、上门洗床褥、代缴代购、上门打扫、陪同外出	市场主导

1）按年龄分组排序。由表4-8可知,从年龄看,第一,低保特困型低龄老年人应当由政府提供基本养老服务,最迫切的养老服务需求是生活照料服务,这与国家在2023年发布的《国家基本养老服务清单》中的内容基本一致,有助餐、助洁等,中等迫切的养老服务需求是医疗护理服务,包括健康咨询、药事指导等,最不迫切的服务需求是休闲娱乐、紧急救助等。针对收入较低的高龄老人,最迫切的基本养老服务需求是无障碍改造、助洁、助浴、助餐等生活照料服务,中等迫切的养老服务需求是文化娱乐等服务,最不迫切的是健康监测等服务。政府在承担这类老年群体的基本养老服务补贴之外,还要重点关注低龄老年群体生活环境的适老化无障碍改造。

第二,收入一般的低龄老年群体适当由政府补贴,主要体现养老服务的普惠特点,提高养老服务供给的覆盖面。表4-8中体现出收入一般的低龄老年人更迫切的养老服务需求是法律援助、康复指导及上门维修等服务,中等迫切的养老服务需求是健康监测、休闲娱乐等服务,最不迫切的养老服务需求是助餐、助洁、日间照料等服务。针对收入一般的高龄老年群体,最迫切的养老服务需求是助浴、助餐、助洁等生活照料服务,中等迫切的养老服务需求是康复指导、健康监测等服务,最不迫切的是文化娱乐等服务。因此,政府的补贴重点应当在社区便捷生活圈的打造上,将资金更多地投入社区基础设施上。

第三,收入较高的低龄老年群体由市场完全来提供养老服务,其养老服务优先次序与收入一般的老年群体基本一致,然而,收入较高的高龄老年群体最迫切的养老服务需求是助浴、健康监测、上门维修等服务,中等迫切的是文化娱乐、紧急救助等服务,最不迫切的是助餐、助洁等服务。因此,养老服务产业的布局应以社区生活便利为首要因素,政府在进行社区居家养老资源规划时应综合协调政府其他部门,打造社区生活便利圈。

2）按健康状况分组排序。根据表4-8可知,按照身体健康情况分为非失能老年群体与失能老年群体。第一,收入低的非失能老年群体最迫切的基本养老服务需求是助餐、助洁、日间照料等服务,中等迫切的养老服务需求是文化娱乐、健康指导等服务,最不迫切的养老服务需求是康复指导、法律援助等服务。收入低的失能老年群体最迫切的基本养老服务需求是助浴、康复指导等服务,中等迫切的养老服务需求是文化娱乐、健康监测等养老服务,最不迫切的养老服务需求是日间照料、法律援助等服务。因此,政府在进行基本养老服务兜底时,应明确基本生活照料服务标准。

第二,收入一般的非失能老年群体最迫切的养老服务需求是法律援助、陪同就医、日间照料等,中等迫切的养老服务需求是文化娱乐、健康指导等服务,最不迫切的是助餐、助洁、上门维修等服务。收入一般的失能老年群体最迫切的养老服务需求是法律援助、助浴等,中等迫切的是健康指导、紧急求助等服务,最不迫切的是文化娱乐、助餐、助洁等服务。因此,为了让更广大的老年群体能够获得最需要的养老服务,政府应当向社会组织购买法律援助等服务提供给老年人。

第三,收入较高的非失能老年群体最迫切的养老服务需求是康复指导、法律援助、上门维修等服务,中等迫切的养老服务需求是健康监测、文化娱乐等服务,最不迫切的养老服务需求是助餐、助洁等服务。收入较高的失能老年群体最迫切的养老服务需求是康复指导、日间照料等服务,中等迫切的养老服务需求是文化娱乐、健康指导等服务,最不迫切的养老服务需求是助餐、助洁等服务。因此,在社区布局健康养老服务机构能够有效解决老年群体的健康需求。

综上所述,由于不同特征老年群体的养老服务需求各有差异,但是从政府兜底、政府补贴与市场主导三个方面排序养老服务清单来看,首先,政府应当针对特定的老年群体做好基本养老服务兜底补贴,制定好助餐、助洁等生活照料型养老服务规范与标准。其次,政府应当做好社区居家养老的适老化无障碍改造,改造或新建社区基础设施,打造社区便民生活圈。最后,政府应当围绕打造社区便民生活圈,联合民政、工商、医疗健康等部门统筹规划社区居家养老资源,切实满足老年群体多样化的居家养老服务需求。

第二节　河南省社会养老服务供给与利用分析

　　河南省社会养老服务供给主要有社区居家养老、机构养老、家庭养老三种模式,从服务来源角度认为社区居家养老服务供给主体包括家属、专业服务队伍及非专业的社会组织,机构养老服务供给主体是专业服务队伍,家庭养老服务供给主体是老年人及其家属。目前社会养老服务供给的递送方式以智慧养老服务平台为主,充分体现"互联网+养老服务"的精准化智能化多样化。

一、河南省社会养老服务供给分析

(一)社区居家养老

　　社区居家养老服务供给主体主要包括政府、营利性社会组织、非营利性社会组织、老年群体及其家属。按照"9073"格局,90%的老年人是居家养老服务的群体,目前社区能够提供的养老服务项目以就餐、助洁、体检等日常基本活动和娱乐项目为主,具有综合性的特点。

　　近年来,河南省紧密围绕中央政府发布的政策指令,通过购买养老服务的方式吸纳社会力量,积极推进养老服务体系的长足发展。《河南省政府购买养老服务实施办法(修订)》中提出,政府在"生活照料""康复护理""精神慰藉""人员培养""社会工作""辅助性服务"等具有普惠性项目上都可以通过市场化的运作方式,尽可能吸引多的社会力量成为供给主体,为老年人提供便宜、便利的养老服务。政府一方面为社会组织提供免费的经营场所和日常补贴,另一方面又需要对各种组织进行法律监管及绩效评估。政府在社区养老服务供给中扮演着"掌舵者"的角色。截至2022年年底,河南省157个县(市、区)全部建成县级特困供养机构,673个街道全部建成综合养老服务中心,7334个社区全部建有养老服务场所,累计完成3.3万户特殊困难老年人家庭适老化改造①。

(二)机构养老

机构养老服务供给主体有政府、营利性社会组织与非营利性社会组织,服务对象大多是无人照顾或身体健康欠佳的老年群体,供给方式是按照市场机制提供相应的养老服务产品,服务项目具体有日常照料、文化娱乐和医疗护理等,具有专业性的特点。

河南省的养老机构有营利性的民办企业型养老机构、非营利性的公办养老机构和非营利性的民办非企业型养老机构。其中,非营利性的公办养老机构是政府投资兴办,解决的是特殊困难老年群体的养老问题,隶属于民政部门。非营利性的民办非企业型养老机构就是前文所说的一种非营利性社会组织,由私人出资兴办但提供的是公益性的养老服务,由民政部门监管,营利性的民办企业型养老机构完全是私人投资兴办,以营利为目的,由工商部门监管。根据《河南省养老服务条例》规定,政府需对养老机构收费、合同签订、经营业务等做出明确声明,并且组织专业人员定期对机构的各项指标进行评估,对于开展不符合法令规定行为的处以惩罚,虽然政府也会在一定程度上给予补贴,但与社区组织相比力度略小。总之,政府在机构养老服务供给中主要负责监管和审核的工作。一般来讲,政府对养老机构的补贴也大多以"民办公助"的形式,通过降低养老机构的运营成本从而鼓励其提供公益性普惠型养老服务,进而扩大老年群体的受惠面。民政部统计数据显示,截至 2023 年 8 月,养老机构有 5547 家,占全国养老机构总数量的9.56%,位居全国前列。

自 2016 年《河南省人民政府办公厅转发省卫生计生委等部门关于推进医疗卫生与养老服务相结合实施意见的通知》发布以来,河南省积极推进医养结合,不断提升老年健康服务水平。近几年遴选医养结合建设项目136 个,省财政预算下达奖补资金 6.19 亿元,着力打造一批规模体量适宜、综合能力强、服务模式新、社会效益好的医养结合机构,推动医养结合服务扩面增量和高质量发展。截至 2022 年,河南省医养结合机构 449 家,设置床位 60 883 张,养老机构与医疗机构签约合作 4200 对,养老机构普遍采用不同形式为入住老人提供医疗卫生服务。同时,河南省全省老年医疗卫生机构 241 家,综合医院设置老年医学科比例达到 50% 以上,基层机构康复护理床位不断增加,医疗机构普遍为老年人就医建立"绿色通道"。

(三)家庭养老

家庭养老服务供给主体是老年人的家庭成员,服务对象以身体健康状况良好的老年群体居多,供给方式是配偶或代际间的互助或单向帮扶,主要提供打扫、做饭、陪伴等日常照料项目及精神慰藉项目,具有基础性的特点。

针对家庭养老模式,政府注重发挥对老人及家庭成员的支持,主要体现在城乡社区卫生服务全覆盖与健康服务可及性支持。一是由家庭医生、机构护理人员和其他专业人员为老年人家属提供上门护理指导,政府出资建设专门机构为家庭成员进行护理知识培训。二是为了使老年人在家也能享受到满意的养老服务,省政府在全省开展家庭医生培训活动,截至 2017 年,数额已超 3 万,设置家庭养老床位、开展适老化无障碍改造都是政府给予老年人生活上支持的方式。

河南省大力推进县域医共体建设,构建县乡村一体化管理,把更多财力、物力和人才技术投向基层,努力实现"小病不出社区、大病不出县城"的目标。截至 2022 年,全省城镇社区卫生机构 1930 所、乡镇卫生院 2019 所,实现了城乡社区卫生服务全覆盖。同时,实施老年健康促进专项行动,强化家庭医生签约服务,为居家社区老年人提供基本医疗、基本公卫、健康管理等服务,免费为 65 岁以上老年人提供健康体检,为高龄、失能老年人上门提供医疗服务。

(四)智慧养老服务平台

2017 年 2 月,工业和信息化部、民政部、国家卫计委(2018 年,国家卫生健康委)联合印发《智慧健康养老服务产业发展行动计划(2017—2020年)》,规划要求到 2020 年要基本形成覆盖全生命周期的智慧健康养老服务产业体系。河南省紧跟国家政策的步伐,根据省情适时出台智慧养老政策,大力发展智慧养老服务产业。同年《河南省"十三五"养老服务体系建设规划》明确指出要大力创新"互联网+养老服务"模式,推进互联网、医疗物联网、大数据、移动支付等信息技术在养老领域的应用,大力促进养老服务信息平台与养老服务实体有效连接,实现智能化居家养老服务保障。河南全省已建成居家养老服务信息平台74个,服务入网老人达403万人。

2020年4月,根据《河南省财政厅　河南省民政厅关于开展智慧养老服务平台建设试点工作的通知》(豫财综〔2020〕21号),正式启动智慧养老服务平台的城市试点,分别从智慧养老大数据应用、智能物联网产品研发、居家智能照护服务、为老便民服务等多个维度开展试点,示范带动全省各地积极开展"互联网+"养老服务模式和智慧养老服务平台建设,让更多老年人在家门口享受到优质便捷的养老服务。河南省依托智慧养老服务平台建设,大力发展居家社区养老,在街道层面建设具备全托、日托、上门服务、对下指导等综合功能的社区养老服务机构,在社区层面建立嵌入式养老服务机构或日间照料中心,为老年人提供生活照料、助餐助行、紧急救援、精神慰藉等服务。积极培育居家养老服务,养老机构、社区养老服务机构要为居家养老提供支撑,将专业服务延伸到家庭,为居家老年人提供上门服务,进一步做实做强居家养老。通过建设智慧养老服务平台,整合社区、居家和机构的养老资源,探索价格低廉、方便可靠的普惠型养老服务供给方式,开拓发展智慧养老模式。

二、河南省社会养老服务利用分析

(一)农村社会养老服务利用情况

1.供需错配导致养老服务利用率低

随着家庭小型化、子女供养功能弱化,社会提供的养老服务成为满足不同老年群体需求的重要渠道。调查结果显示,约30%的农村老年人存在明确的养老服务需求,日常生活服务需求与健康护理服务需求要高于法律服务需求和安全保障服务需求。同时,由表4-9中养老服务利用比率可知,10.52%的老年人享受到了健康护理服务,4.21%的老年人曾经使用过日常生活服务项目,法律服务和安全保障服务的使用率不足0.5%,其中日常生活服务项目的供需存在约19%的缺口,其余服务的缺口均低于10%。

2.不满意度导致养老服务利用率低

从河南农村老人对休闲娱乐服务的满意度状况看,有33%的老年人对村或社区的操场、跑道和健身设备等运动设施不满,39%的老年人主观上不满意目前村讲座、村组织的各类活动、兴趣班等文化娱乐活动。不满意的原因可能是各方面的,但是结果表明不满意群体可能具有潜在服务需求。

总之,河南省农村老年人对各服务项目的利用远远低于需求获取的意愿,可见现下的养老服务供给难以满足需求,而且会在未来相当长一段时间里存在供需失衡的问题。因此,根据当地实际情况了解不同特征人群的需求情况,改革完善现有的供给体系,着力提高老年人的生活满意度已势不可挡。

表4-9 养老服务需求与利用情况

养老服务项目	养老服务内容	对养老服务的需求(%)		使用过养老服务的比例(%)	
		需要	不需要	使用过	未使用过
日常生活服务	生活照料服务	4.68	95.32	0.86	99.14
	助餐服务	8.80	91.20	0.48	99.52
	助浴服务	2.39	97.61	0.19	99.81
	助行服务	5.45	94.55	0.67	99.33
	代办服务	4.78	95.22	0.96	99.04
	助洁服务	13.00	87.00	3.15	96.85
	总计	23.14	76.86	4.21	95.79
健康护理服务	健康管理服务	15.20	84.80	10.13	89.87
	医疗康复服务	10.71	89.29	2.39	97.61
	总计	17.50	82.50	10.52	89.48
法律服务	法律援助服务	1.15	98.85	0.19	99.81
安全保障服务	紧急求助服务	3.73	96.27	0.29	99.71
	无障碍改造服务	1.05	98.95	0.19	99.81
	总计	4.40	95.60	0.48	99.52

（二）城市智慧养老服务平台利用情况

智慧养老服务平台的设计由平台运营企业根据政府的养老服务工作需求进行设计,社区智慧养老服务平台整合"居家、社区、机构"三种养老模式,通过构建"多层次、智能化、广覆盖"的社会化养老服务网络,为老年人提供专业化、多元化、个性化的服务内容。

1. 平台功能侧重信息处理

在实际调研中,开封的社区智慧养老服务平台仅体现了居家与社区养老融合,提供的养老服务主要在助餐、助洁、助行、助浴等家政服务上,养老服务数据主要是进行采集输入、审核、判断、分析、综合、输出等,比如,养老服务的供需匹配。社区日间照料中心的养老活动仅做数据记录,基本上不需要智能化方式即可实现。郑州爱馨养老集团自身运营着养老社区、养老机构和爱馨医院,它的智慧养老服务平台运行相对成熟,同时也服务着"居家、社区、机构"三种模式的养老服务,经过多年的平台运营经验,其平台的功能主要集中在养老服务数据的采集、整合,健康数据的管理和评估。整体而言,平台功能关注服务完成的实现,忽视服务质量的控制。

2. 平台业务侧重养老服务

尽管在智慧养老服务平台的服务设计中健康数据的采集、管理和评估是一项主要的功能,但是在实际的平台业务中,仍然是以生活照料型的养老服务为主。平台收集老年人的基本信息和养老需求,通过信息技术实现养老服务需求的申请、审核、匹配等一系列流程,而在医疗服务上,仅通过平台进行入院老人的健康数据评估,或进行老年人健康数据筛查,作为老年人进入养老机构享受养老等级的凭据,但平台不涉及医疗服务的匹配与供给、服务质量控制和反馈等业务,比如,医疗费用的社会保险支付等业务有医院专门的医疗信息系统和社会保险信息系统实现。尽管智慧养老服务平台有相应的数据接口,但因为涉及养老服务系统与医疗信息系统和社会保险信息系统的系统兼容问题,平台上没有医疗服务的业务功能实现。还有,对于老年人健康管理中的医疗应急和救援服务,因为监测数据与医疗诊断数据的不兼容,以及这项服务所带来的收费较高问题,平台中这类智慧型的应急服务也没有实现。

3. 老年人养老服务智慧化程度不够

随着科技时代的到来,互联网技术的应用渗入到人们生活的方方面面,老年人也开始逐渐适应智慧技术所带来的生活方式改变。老年人选择智慧养老服务取决于其掌握智慧技术的能力和自身收入。

一方面,对于老年人来说,智慧技术是新事物,由于认知惯性和生活习惯不易改变,老年人可以接受智慧服务,但是很难应用智慧技术来获得服务。从调研结果看,低龄或身体健康的老年人普遍接受智慧服务,有些老人通过学习能够操作并获得服务,但对平台所提供的助餐、助洁、助浴等服务不感兴趣。高龄、身体半失能或失能,高龄且身体半失能或失能的老人需要助餐、助洁等服务,但不具备操作能力,他们更迫切需要的是医疗护理服务,但平台很少提供,原因在于费用较高。因此,智慧养老服务平台所提供的服务需求和操作设计要充分考虑适老性,操作界面一定要简单易学,要有良好的人机交互方式。

另一方面是收入受限。根据调研结果,老年人需求最大的医疗保健服务和文教体娱乐服务基本上在智慧养老服务平台上没有实现,而平台实现的生活照料服务仅占受访老人的三分之一。从接受服务的满意程度看,仅有35.4%的老人对平台所提供的生活照料服务是满意的。满意度较低的服务有部分原因是该项服务尚未开展,比如紧急救援服务,像呼救器,求助门铃等这些终端还未开始安装。在更深入的回归分析中,可以得出如下结论,老年人的收入状况显著影响老年人对智慧养老服务满意度的评价,从而影响老年人对智慧养老服务的选择,也就是说,尽管智慧养老服务平台所提供的服务价格已然较低,但智慧养老观念尚未形成,再加上养老金水平不高,致使老年人不愿意购买这类服务。

河南省人口老龄化趋势日益加深,已经进入中度老龄化社会,养老服务需求巨大且迫切,通过前文分析出的河南省老年人的养老服务需求清单中,明确不同年龄、收入与健康状况的老年群体的养老服务需求具有差异性与等级性,有的服务对这类老人是紧迫的,对其他类老人就是不紧迫的,因此,本书将养老服务需求清单化,分析不同养老服务需求的供给模式该如何配置,得出的结论如下。

第一,低保特困等低收入老年群体,无论是低龄还是高龄、身体失能还是非失能,最迫切的养老服务需求是助餐、助洁等生活照料型服务,因此,从政府兜底的民生责任角度出发,这类服务应当由政府以基本养老服务形式供给。2023年8月,《河南省人民政府办公厅关于推进基本养老服务体系建设的实施意见》,清晰明确了河南省基本养老服务清单。

第二,中等收入的老年群体最迫切的养老服务需求是法律援助、康复指导、上门维修等服务,其次是健康指导、文化娱乐等服务,因此,从扩大养老服务覆盖面、增大养老服务受惠面的角度,政府应当重点打造以社区为中心的生活便利圈,那么,做好社区居家养老的适老化无障碍改造,改造或新建社区基础设施,联合民政、工商、医疗健康等部门统筹规划社区居家养老资源是未来政府推进养老工作的方向。

第三,高收入老年群体最迫切的养老服务需求是康复指导、上门维修、健康监测等服务,其次是文化娱乐、日间照料等服务,因此,为更好地活跃养老服务市场,养老服务产业应关注健康指导、康复护理、日常维护等领域,将其布局在社区周边,方便老年群体在家安心养老。

截至2020年,河南省各类养老机构和设施达到1.6万个,拥有养老床位53万张,比2012年翻了一番。然而,从调研的结果看,整体的养老服务利用率还比较低,农村的养老服务利用率要低于城市,究其原因,有以下三个方面的因素。

第一,有养老服务需求但需求不旺盛。农村样本数据显示,日常生活服务需求占比为23.14%,健康护理服务需求占比是17.5%;城市样本数据显示,生活照料服务的占比是34.6%,医疗保健服务的占比是85%。城市老年人的养老服务需求整体高于农村老人,然而,生活照料类服务的需求比例并不高,城市的健康养老服务需求迫切,但城市的智慧养老服务平台并没有实现医疗护理等养老服务供给。

第二,有养老服务需求但收入能力有限。农村样本中不同收入特征的老年人的养老服务需求分布表现出收入低的高于收入高的,尤其是低龄老年人。同样,在对城市老年人的访谈中,也发现,城市老年人有更强的健康养老服务需求,但是较高的收费使得他们望而却步。

　　第三,有养老服务需求但对所提供服务不满意。农村样本中有三分之一左右的老年人对目前提供的养老服务设施和文化娱乐活动不满意,然而,城市样本中三分之一的老年人对智慧养老服务平台提供的生活照料服务表示满意,满意度较低的服务有部分原因是该项服务尚未开展。比如,紧急救援服务,像呼救器、求助门铃等这些终端设备还未开始安装。

第五章

河南省社会养老服务多元治理实践

第一节 河南省社会养老服务多元治理架构

社会养老服务多元治理架构,指的是在社会养老服务供给过程中政府、市场、社会、家庭多元主体之间形成的一种组织结构,以及在这种结构中多元主体之间的权力设置以及运行机制的总称。依据不同的社会养老服务供给目标,多元主体之间的合作方式与流程路径有所不同。

一、社会养老服务多元治理组织结构

社会养老服务供给的多元主体包括政府、市场、社会、老年人及家庭等。根据福利多元主义理论,"政府"是社会福利供给的责任人,它运用自身的公权力自上而下进行社会资源分配,从经济学角度分析,其所分配的社会资源主要是资金,即社会养老服务的生产要素之一,因此,政府在社会养老服务多元治理的组织结构中处于中心位置。"市场"是社会养老服务的生产者,以营利为目的,用于社会养老服务生产的要素主要来自生产要素市场,也可以来自政府。"社会"是社会养老服务的参与者,一般以非营利为目的,其用于生产社会养老服务的要素大多来自政府,它可以生产社会养老服务,也可以管理社会养老服务。"家庭"是社会养老服务的需求者,它要向其

他主体发送需求信号,才能进行养老服务供给。因此,家庭在社会养老服务多元治理的组织结构中位于起始位置。

在具体实践中,社会养老服务多元治理中的政府一般是由民政部牵头组织,联合财政部、人力资源社会保障部、老龄委、国家发展改革委、国家卫生健康委等相关涉老政府部门,共同形成政府主体,为社会养老服务发展制定政策规划,建设养老服务基础设施,制定养老服务的标准与规范,通过政府购买社会养老服务的方式促进市场主体、社会组织等参与社会养老服务治理。市场主体主要包括营利性养老机构、非营利性社会组织等,构成社会养老服务的主要供给方,通过政府的招标承接养老服务政府购买项目,为老年人提供所需的养老服务或者产品。社会组织按照不同的标准可划分为不同类型的社会组织,在本章中的界定限于评估类的社会组织,通过承接政府购买养老服务评估项目来发挥自身专业优势并开展养老服务需求评估与养老服务质量评估等相关评估业务,以此来参与养老服务治理。老年人作为养老服务需求主体,自身或者在家庭的辅助下表达养老服务需求,发送信号并享受服务,并对养老服务质量做出评价反馈(图5-1)。

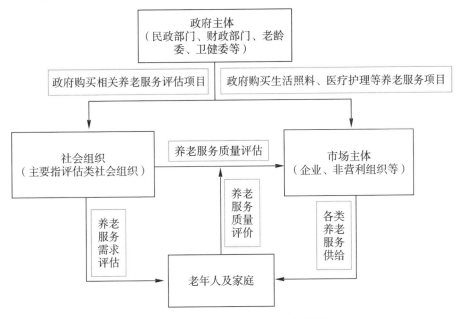

图5-1　养老服务多元治理组织结构

二、社会养老服务多元治理业务流程

社会养老服务从需求产生到服务生产、递送,整个过程需要政府、市场、社会和家庭多元主体的参与、协调与配合。养老服务供需匹配过程中所产生的信息、资金、服务等元素在多元主体之间形成业务网络,主要由养老服务需求评估、养老服务生产与供给、养老服务质量评价与反馈组成。

(一)养老服务需求评估业务流程

当进行养老服务需求评估业务流程时(图5-2),老年人向政府部门提出养老服务待遇认证申请,政府部门受理后进行相应的信息核查、验证,满足现行的政府购买养老服务享受对象的政策标准后予以审批通过,并执行相应的待遇认证及发放。政府部门向评估类社会组织购买养老服务需求评估并支付资金,评估主要涉及老年人的养老服务需求的内容、数量,以及老年人自理能力状况。社会组织根据政府传递的目标老年群体的相关基本信息,对目标老年群体进行评估信息的调查及补充,如老年人的身体失能状况、服务需求等级及内容等信息,并结合自身专业优势向政府部门反馈出一份翔实的养老服务需求评估报告书,便于政府主体拟定购买养老服务的清单目录。

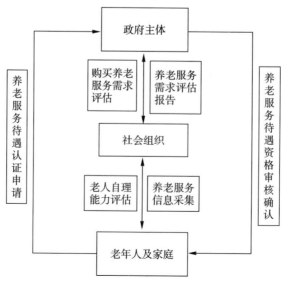

图5-2 养老服务需求评估业务流程

（二）养老服务生产与供给业务流程

当进行养老服务生产与供给业务流程时（图5-3），根据社会组织在此前的养老服务需求评估业务流程环节中所生成的养老服务需求评估报告书，政府主体拟定相应的养老服务政府购买清单，并通过招投标的形式来选中养老服务的供给方；同时政府部门为鼓励市场力量、社会力量的参与，对民办养老机构、社区日间照料中心等养老服务设施的建立、运营进行相应的补贴审批；政府向通过养老待遇认证的老年群体发放养老服务补助及津贴。市场主体中标承接政府购买的养老服务项目，依据清单目录进行养老服务的生产与供给。在具体的养老服务供给流程上面，老年人及家庭根据具体的养老服务需求在社区智慧养老服务平台发出服务请求，平台接收到老人的服务请求订单后，向相应的养老服务市场主体派送订单，下发指令进行养老服务供给。

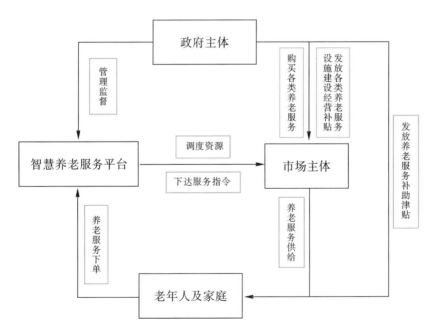

图5-3 养老服务生产与供给业务流程

（三）养老服务质量评价与反馈业务流程

当进行养老服务质量评价与反馈业务流程时（图 5-4），老年人及家庭在接受完养老服务后对其做出相应的评价并反馈到智慧养老服务平台上；同时市场主体将养老服务的供给情况（如服务人员信息、服务内容、服务时间等信息）上传到智慧养老服务平台。政府部门向评估类社会组织购买养老服务质量评估并支付资金，社会组织采集相应的评估信息，通过政府授权获取智慧养老服务平台所记录的养老服务供给的相关信息，向老年人及家庭确认养老服务供给状况信息，向市场主体验证养老服务供给状况信息，社会组织根据上述信息利用自身专业优势进行养老服务质量评估，并生成相应的评估报告书反馈给政府部门。政府部门根据养老服务质量评估报告书向市场主体做出调节反馈，指导监督市场主体进行养老服务供给的调整及优化。

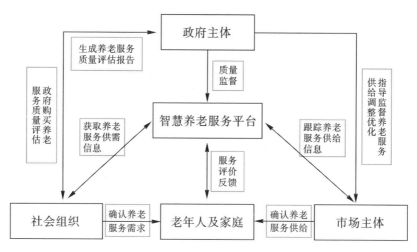

图 5-4　养老服务质量评价与反馈业务流程

三、社会养老服务多元主体供给现状

基于调研、访谈所获得的材料信息，结合河南省各个政府门户网站等互联网资源，对河南省养老服务多元主体供给现状进行梳理。目前河南省智慧养老服务实践中，政府主体主要以政府购买的方式来促进市场主体、社会组织等多元主体参与养老服务供给。调研中发现当前河南省能享受到政府购买养老服务的老年人群也较为有限,多集中在孤寡老人、失能老人、高龄老人等特殊老年群体。

在养老服务供给内容方面,《河南省政府购买养老服务实施办法》显示,根据居家、社区、机构养老方式的不同,目前通过政府购买形式可实现供给的养老服务内容相应地划分为三类:在居家养老服务方面,服务内容包括助餐、助浴、助洁、助急、助医、护理和巡视关爱等一些上门服务,以及特殊困难老年人家庭无障碍设施改造、家庭养老床位建设;在社区养老服务方面,服务内容包括社区日间照料、老年康复文体等活动;在机构养老服务方面,服务内容包括机构供养服务、护理服务。

在养老服务信息化建设方面,河南省加快推进养老服务信息化建设,加强养老服务信息的集成与利用,满足各主体参与养老治理的信息需要。河南省作为全省首批智慧养老服务平台建设试点,基于专业性与运营管理效率的考虑,采用"公建民营"的形式来进行智慧养老服务平台的建设。2021年1月完成招标,通过政府购买委托第三方专业机构进行平台的研发和建设,5月中旬完成了河南省智慧养老服务平台市级平台的筹建并开始试运营,并且积极推进养老服务与数字互联互通,充分利用现代化网络信息技术,目前初步搭建了全市养老服务"三级平台、四级网络",将专业的机构养老服务延伸到居家和社区。据统计,河南省常住老年人口为1 617 392人,目前智慧养老服务平台老人入网数为1 450 735人,入网率89.7%。[①]

河南省政府以智慧养老服务平台为基础,积极引导、串联各类主体参与智慧养老服务治理。目前的实践中,智慧养老服务平台已实现全市养老机构、社区养老服务设施等840余家各类养老服务设施全接入,其中包括社区养老服务中心(养老服务站)300多个、助餐点(配餐中心)46个。同时,河南省已有百余家提供家政、餐饮、护理等服务的企业和社会组织与平台正式签约入驻,开展养老服务相关业务。与此同时,调研中还发现了在一些成熟度较高的养老机构、大中型的卫生医疗机构也都建设了供自身使用的养老信

---

① 注:数据来源于郑州市民政局官方网站。

息化平台,虽然名称不完全相同,但本质上都是以平台的方式来实现养老信息的集成与利用。

总体来看,政府通过购买来促进市场主体、社会组织参与河南省智慧养老服务的供给,主导建成了智慧养老服务市级平台来推进河南省养老服务信息化建设,并依托平台来协调串联市场主体、社会组织参与河南省智慧养老服务治理,为河南省老年人提供了更加方便、可及的养老服务。

第二节　社会养老服务多元主体互动治理分析

正如前文分析,社会养老服务供给涉及政府、家庭、社会组织(社区)、市场(营利性组织、非营利性组织)等多元主体,业务流程有评估、生产、供给和反馈等环节,多元主体之间的互动载体有信息、资金和服务,以下分别以多元主体的互动治理对象——信息、资金和服务展开社会养老服务多元主体的互动治理分析。笔者分别于 2020 年 8 月、2021 年 1 月走访了河南省郑州市和开封市部分社区,进行了多次访谈并结合发放调查问卷的方式进行调研,最终选取了 G 区 Q 社区作为调研重点。访谈涉及的群体有民政局相关领导、街道办事处负责人、社区工作人员、智慧养老中心工作人员、社区日间照料中心看护人员、养老机构护理人员、高端养老地产内相关人员、老年群体;问卷涉及的对象是年龄偏大的老年人,为了保证调研结果,决定采用纸质问卷,以调查员口头提问的形式帮忙填写。计划发放调查问卷 280 份,囿于客观条件的限制,最终实际收回有效问卷 240 份,并运用 SPSS 19.0 数据分析软件,对原始数据进行汇总、录入和分析。

一、养老服务信息精准化程度不高

根据前文分析,社会养老服务供给过程中多元主体的职责内容不同,在协同行动提供养老服务时,高效精准的信息传递就成为必须。社会养老服务从需求提出、评估审核、生产传递、质量反馈一系列过程中,政府、市场、社会与家庭等多元主体将发送或接收不同内容的养老服务信息,比如,老年人的年龄、性别、服务类型、服务等级、收入情况、失能状况等,这些复杂多元的养老服务信息如果精准化程度低,不能有效整合集成的话,将会大大降低社会养老服务多元主体互动治理的效率。依据实地调研情况来看,老年群体的社区养老服务信息主要由社区组织进行收集与整合,比如,老年人对现有养老服务的认识状况、老年人所需求的养老服务项目、老年人对所提供养老服务的满意程度等。经过对调研地的实证了解,老年群体的养老服务信息精准化程度不高,表现在以下三个方面。

(一)老年群体的养老服务需求信息不精确

社会养老服务多元主体互动治理的起点是老年群体的养老服务需求,然而从调研结果看,养老服务需求信息并不精确,很大程度上源于老年人对养老服务的认识不清晰。

通过调查问卷获知,有近半数的老人对老年的生活持担忧的态度,他们对老年生活担忧的方面集中在健康维持与生活照料上(图5-5),70.80%的老人担忧生病治疗,24.20%的老年人担心无人照料晚年生活。从老年人对养老服务的认识来看(图5-6),45.80%的老年人认为在社区接受居家养老服务是当下主流的养老方式,29.60%的老年人认为机构的养老服务是针对生活不能自理的老年人,24.60%的老年人认为现在的医养结合养老服务还不成熟,在养老机构可以享受到医养结合养老服务,在社区的居家养老方式中很难享受医养结合的养老服务。由此可见,老年群体的理想养老场所是社区居家养老,期望的居家养老服务需求集中于医疗健康服务与生活照料服务,也就是"医"与"养",然而,老年人对医养结合的方式和服务类型与种类不清楚不了解,从调研访谈结果看,老年人对医养结合养老服务需求很迫切,但是,对于具体的养老服务的类型与项目又缺乏明确的认识和了解,再加之养老服务产业是新兴产业,老年人不清楚养老服务的提供方式与项目价格,因此,养老服务需求信息较为模糊,不够精准。

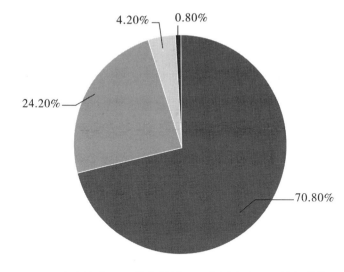

图5-5　老年生活担忧方面占比

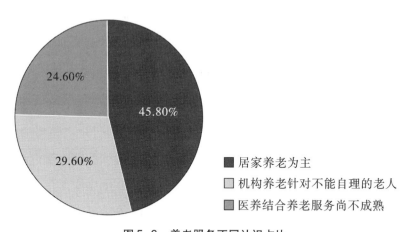

图5-6　养老服务不同认识占比

(二)社区组织的养老服务信息收集不充分

社区居委会在法律属性上属于基层群众性自治组织,但在实际的调查过程中发现,社区组织的居委会工作人员的选拔、考核,及其工作内容都决定了其承担着大量行政任务,这些都使得社区居委会具有很强的政府属性,在一定程度上可以看作是政府行政系统在基层的延伸。

从调研访谈的结果看,社区组织的工作繁忙具体琐碎,政府养老服务工作的推进与落地只是其工作内容的一部分。因此,以任务为导向的工作属性使得社区组织在完成养老服务工作时以是否达到政府工作目标为准,忽视养老服务工作的效率与效益,主要体现在缺乏养老服务工作的专业性与全面性。当前社区居家养老服务最常见的是生活照料服务中的助餐服务与助洁服务,如何遴选接受服务的老年人以带动居家养老服务工作的开展,这其中就考验社区工作人员的专业能力。由于在养老服务工作推进落地过程中,政府为享受养老服务的老年人进行服务补贴,也就是说,老年人可以免费或少花钱就可以接受社区提供的上门养老服务。在遴选老年人获取养老服务需求信息时,有的社区以年龄为筛选条件,有的以是否独居状态为筛选条件,有的以身体是否失能为筛选条件,并没有以助餐或助洁服务最迫切作为社区养老服务的关键提供条件,导致养老服务信息收集不充分,带来部分老年人的不理解与不满意。

以社区的送餐服务为例,社区在收集老人意愿和信息时,只是按照政府的要求统计85岁以上老人需求信息,而忽视了一些老人的真实迫切诉求,致使一些老人对此政策持有看法。另一方面,社区根据年龄遴选审核老人年龄时,由于审核时间是固定的,导致晚于审核时间的老年人无法享受养老服务,有的老人认为不公平。此外,部分老年人的养老服务需求旺盛,在政府补贴用完后,便不能继续享受免费助餐或助洁服务,特别是,当月规定了养老服务的额度,在额度用完以后,需求旺盛的老年人即使自费也不能享受额外的养老服务。因此,作为对居家养老服务需求信息进行统筹收集整理的基层社会组织,社区对本辖区的老年群体的养老服务需求没有进行准确的摸底和确认,使得养老服务的供给较为盲目,效率较低,缺乏针对性与全面性。

(三)市场组织的养老服务信息反馈滞后

社会养老服务多元主体互动治理的终点是市场组织的养老服务供给。作为社会化养老服务的主要提供者,市场组织(养老服务机构)应该就老年人的养老服务需求进行针对性的供给,体现的是养老服务质量。究竟是否符合老年人的养老服务需求期望,市场组织需要及时进行服务质量评价反馈,从而改进养老服务质量以更好地服务老年人。

然而,市场组织在提供养老服务的过程中,一般只注重事前的推广和事中的供给,却忽视了事后的评价反馈。以社区送餐服务为例,部分提供餐饮的企业只考虑完成的订单数量却忽视了订单的质量。经了解,部分老人对于送的餐食颇有微词:认为餐食不合口味、认为餐食定价过高等问题。这些问题并不是个例,解决起来也确实有难度,需要养老服务市场与行业出台服务规范和行业标准,仅靠某些市场组织单个养老服务企业难以实现。

因此,社会养老服务要得到老年人的欢迎和持续消费,需要在养老服务质量及性价比上下功夫,如何更好地迎合老年人的消费意愿与养老服务消费偏好,市场组织要及时获知服务反馈并进行相应的改进。从实地调研的结果看,社区居家养老服务的开展情况整体不错,受到老年人的欢迎,但是市场组织对于养老服务质量的评价反馈滞后,在社区—老年人—市场组织之间未能形成良好的养老服务递进循环,从而影响养老服务供给效率。

二、养老服务产业的关键要素引导性不足

目前养老服务产业是新兴产业,党和国家出台多项政策文件积极扶持养老服务产业发展,在这一过程中,政府承担扶持引导作用,市场是产业发展的主战场,社会与家庭积极参与。通过对河南省民政部门相关负责人进行访谈,实地考察部分养老机构及养老公寓的运行状况、部分社区智慧养老服务调度平台建设情况的基础上,可知政府在资金、技术、劳动力等方面对养老服务产业发展的助推引导作用是显著的,并且在一些技术层面上的支持是不可或缺的。但是养老服务产业发展依赖政府的现象过于突出,导致政府在资金配置、技术平台引进、专业人员培训等方面承担了过重的任务,从而使得政府对养老服务产业发展的引导性不足。同时其他主体的参与性不太理想,多元主体的协同作用在养老服务产业的发展过程中未被激发。经过总结,政府对养老服务产业发展引导性不足体现在以下三个方面。

(一)养老服务的资金配置不完善

资金作为产业发展最为关键的因素之一,影响着产业的健康有序发展。在当前居家养老、社区养老、机构养老三种养老模式并存的形势下,养老服

务产业的发展主要集中在机构养老,政府为引导养老服务产业向社区居家养老模式延伸,开始建设社区智慧养老服务平台与社区日间照料中心,在这一过程中,政府承担主要资金责任,负担了较重的财政压力。同时,政府还承担引导社会资本进入养老服务产业的职责。

1.智慧养老服务平台建设

通过对开封市的实地调研,政府对智慧养老服务平台的建设承担财政责任,为了吸引有资质的市场主体进行经营,政府对于其办公用地、硬件设施进行免费无偿提供。同时,为了更好地激励老年人参与养老服务购买的积极性,激发对养老服务产业的需求,政府出台政策给予辖区内85岁以上老人100元/(人·月)的补贴。

G区智慧养老服务平台工作人员:开封市目前全市已有三个区建立了调度平台(S区、L区尚未建立),每个区的站点有十来个。现在还在完善发展,因为送餐这一块政府承担的费用太大了。听说是要改形式,可能政府出一部分资金,另一部分由老人家庭承担。但目前还不太明朗,2021年的服务暂时还没有开始。总的原则是想要普惠,想要更多的老人能够享受到智能养老的便捷。

据智慧养老服务平台统计,过去一年G区养老服务的签约人数有800人,提供服务人次221 271次,服务总金额达到781 175元。然而,Q社区80岁以上的老人有223人,而真正参与到其中的不足1/3。从调研结果看,智慧养老服务平台的辐射影响还不够理想,老人的参与积极性还不够高。同时,还应该注意到,目前智慧养老服务平台的建设经费与运营经费很大程度上由政府出资,一旦政府减少补贴,老年人的养老服务购买意愿是否会降低是必须考虑的问题。

2.养老机构运营

目前的养老机构分为公办养老机构与民办养老机构,其中,公办养老机构采取的是"公办民助"或"公建民营"的形式,也就是说,政府仅对公办公益性养老机构承担资金责任,生产供给养老服务的责任交给市场来完成。从实地调研的结果看,养老机构的运营情况并不乐观,有的公办养老机构满员处于老年人排队状态,有的民办养老机构床位闲置无人问津,社会资本对选择进入养老服务产业持谨慎态度,这将大大影响养老服务产业的发展。

> 民政局相关负责人:民办养老机构这一块,以福彩基金支持为主。从 2019 年才开始有这一项支持,有床位补贴、运营补贴。总数大概是 9 万多块钱。根据各个养老机构的服务质量和服务标准,进行分配。2019 年之前也有,但主要是以建设资金补贴为主,比较少。床位补贴也是从 2019 年才开始的,之前一直是市级的才有。建设补贴是按照床位给的,也是从 2020 年才开始的。2020 年三四月份才拨过来。主要是针对新建的民办养老院,之前的已有的,没有这个补贴。其中想拿到这个补贴还有一个条件,就是说你要为你所在的社区提供免费的无偿的社区日间照料服务,你不能再收费的,包括对老人提供一些娱乐活动。

政府采取各种措施积极引导社会力量进入养老领域,使用最多的政策手段就是资金补贴和税收优惠。目前的情况就是养老服务产业发展的资金来源不够多元,过于依赖公共部门,很难调动民间资本参与养老服务的提供。另外一些民办养老机构虽说有政府的政策补贴支持,但面临着经营养老院和提供社区基本养老服务的双重压力,导致养老服务的供给数量与质量并不理想。同样,高端养老也受困于资本的不足。据调研某些高端养老机构,2019 年一度因为资金链短缺,导致工程搁置。这些问题应该不是个例。最重要的原因是老年人的消费能力有限,中高端养老服务市场尚未形成。目前现存的从事养老服务的企业,大部分都没有找准市场定位,没有结合自身的特点和当地的实际情况探索出合适的运营模式。虽然有的大型企业得益于自身的优势,能够抢先布局进入养老服务领域,但是投入产出并不能形成有效回报,近几年仍处于"叫好不叫座"的亏损状态。

(二)养老服务的配套设施不健全

按照老年群体的养老意愿,社区居家养老模式是当前主流的养老方式。

围绕着社区居家养老服务的提供,政府通过设立社区智慧养老服务平台串联起养老服务多元主体,以"互联网+养老"模式开展居家养老服务工作。通过实地调研开封市在 2020 年运行的智慧养老服务平台,以互联网技术为支撑,强调以服务老年人为中心,融合传统养老观念与现代科学技术,以多元主体合作的方式协同供给养老服务。据了解,在智慧养老服务供给端,由 E 通信成立的养老服务调度平台所能提供的养老服务也仅有助餐和助洁这类生活照料服务。由于缺少专业的护理人员,助浴和助医这种专业性较强的服务内容尚未提供。在智慧养老服务需求端,受限于老年人的生活习惯,难以适应智慧技术的快速变化,老年人的线上预约服务的方式仍是以电话为主,微信、app 等方式还是空白。考虑老年人的经济能力,像应用于健康监测的智能穿戴产品和终端设备也没有集成智慧养老服务平台的功能。

在社区日间照料中心配套的硬件设施上,同样也存在活动场地少,安全警示标志不足,专业器械闲置等问题。

　　Q 社区工作人员:现在的日间照料机构基本都是原来闲置平房改建而成。目前日间照料中心的选址要考虑到老年人群的密集度,由民政局选址,承包给第三方管理。民政局将器材派发给社区,社区再交付给 E 通信公司。日常器材的维护与使用就交给他们(E 通信公司)了。我们社区主要是配合他们工作。当前虽说是新建了几个日间照料中心,但是场地还是小。屋子里放不下这么多器材(按摩椅、护理机、健身器材、桌子)。那个老日间照料中心(Q 区日间照料中心)大约也就 60 平方米的样子。政府各种支持挺到位的,关键还是地方小。而且,由于地方小,这些健身器材配置不了,老年人的活动也就是量量血压、按摩椅按摩、下棋;现在冬天天气冷了,下午老人都愿意去那,甚至出现坐不下的情况。但是人一多,安全问题也得考虑,建议他们安装一些警示标识。还有,日间照料中心门口是一个坡,有的老年人坐的那种小车还想往上推,这都有安全隐患的。

（三）养老服务的劳动力不充足

根据实地调研，目前从事养老服务工作的劳动力分为两类：一类是统筹管理的工作人员，不直接为老年人提供养老服务，是养老服务供给的辅助者，比如社区工作人员；另一类是专业服务的工作人员，直接为老年人提供养老服务，是养老服务供给的完成者。通过对社区工作人员的深度访谈，获知他们承担了社区养老服务的统筹管理工作。由于社区工作"点多、面广、事杂"，其中不仅只有养老方面工作，还包括上级部门分派的人口普查、创文创卫、疫情防控等重要工作。社区工作人员在与社区居民的沟通交往中发挥着优势作用，肩负着打通"最后一公里"的职责，能够很好地完成养老服务的统筹管理工作，然而，随着社区规模的变化，社区工作人员要服务的人口数量逐渐增加，但社区工作人员的补贴却没有相应增加。同时社区工作人员也面临着新老交替的现状。面对日益复杂的社区事务，社区工作对于工作人员的要求也越来越高，社区工作人员也感到力不从心。

> Q 社区工作人员：现在国家要求养老服务要向社区倾斜，社区的工作量是越来越多，相应的补贴却一直没有到位。但是我们社区工作人员没有人退缩，也没有抱怨啥的。今年二月底我们就要换届选举了，这一次是由区委组织部负责选拔任命，再由社区选举。像我们这些年龄大的都该退了，以后社区的管理队伍要年轻化。年轻人有年轻人的优势，在文字办公处理方面，可能确实效率高，我们也有我们的优势，在和老人沟通方面，可能更有经验。

除了社区的工作人员，专业的养老服务人员同样稀缺。据了解，民办养老机构中的护理人员存在工资待遇低、专业性不足、人员流动频繁、工作人员年龄大等特点。

> 民政局相关负责人：现在的情况是，经过正规技校或者是学校培育出来的人才，你给他们开一月两三千的工资，人家不会来。大部分都是年龄偏大的，文化水平比较低的，40 岁左右的妇女。养老

机构也不可能说一个月开四五千的工资,用人成本太高了,他们也顾不住。有证的护理人员干的时间一般都在一年以上,无证的护理人员一般 2~3 个月,年龄一般在 45~60 岁。

三、养老服务供需不匹配

目前,河南省所提供的养老服务项目是较为全面的,涉及生活照料、紧急救援、文教体娱乐、医疗保健、精神慰藉、康复护理等方面;同时,不同类型的养老服务市场也初具规模。与之形成鲜明对比的是,老年人真实的消费需求尚未被激发,大多数老年人的收入不足以支持其在中高端养老服务市场进行消费。老年人的收入与所提供养老服务的满意度呈现正向相关关系,且老年人对于政府具有高度的依赖性。总的来讲,养老服务供需不匹配的情况主要体现在供需结构和供需水平方面。

(一)养老服务的供需结构不匹配

作为河南省智慧养老服务平台的试点城市,开封市旨在打造"助餐、助浴、助洁、助医"的服务体系。为了真实了解老年群体对养老服务需求的真实情况,调查问卷在设计问题时考虑老年群体的应答习惯,比如,在生活照料服务中,选取了"您对家务服务的需要程度",在医疗保健服务中,选取了"您对医疗协助服务的需要程度",在精神慰藉服务中,选取了"您对精神支持服务的需要程度",在紧急救援服务中,选取了"您对紧急救援系统的需要程度",在文教体娱乐中,选取了"您对体育娱乐活动的需要程度",在康复护理服务中,选取了"您对日间照料服务的需要程度"。经过统计分析(图5-7),仅有 83 位调查对象选择需要以家务服务为代表的生活照料服务,占样本总量比例为 34.6%;在医疗保健服务中,有 204 位调查对象选择需要此类服务,占样本总量的 85%;在精神慰藉服务中,仅有 91 位调查对象选择需要精神支持及相关的心理慰藉服务,占样本总量的 37.9%;在紧急救援服务中,仅有 79 位调查对象选择需要此类服务,占样本总量的 32.9%;在文教体娱乐服务中,有 214 人选择了需要此类服务,占比 89.2%;在康复护理服务中,有 159 人选择了需要康复护理服务,占样本总量的 66.3%。

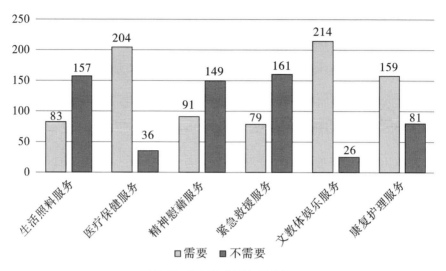

图 5-7　社区养老服务需求状况

从数据统计结果可知,当前老人的需求主要集中在医疗保健服务、康复护理服务以及文教体娱乐服务,而生活照料服务、精神慰藉服务、紧急救援服务的需求并不旺盛。然而开封市当前提供的养老服务项目主要就是以"助餐、助洁"为代表的生活照料服务,老年人真正需要的医疗保健服务、康复护理服务并未有效满足。这表明社区居家养老服务在供给结构上存在与需求不匹配的情况。在进一步询问不需要生活照料服务的具体原因时,一些老人认为,生活中自己能够照顾到自己,不需要花冤枉钱,再就是对于上门服务的接受度较低,不信任陌生人。

(二)养老服务的供需水平不匹配

依据前文分析,社会养老服务不仅是多元主体协同供给,而且是多层次多类型供给,养老服务不仅有生活照料类,医疗护理类和精神慰藉类服务,还有依据老年群体的养老需求和负担能力,划分为基本养老服务、惠普养老服务与高端个性化养老服务。养老服务的供需水平指的是不同类型不同层次的养老服务质量。

1. 供给主体视角下的供需水平不匹配

以调研开封市的养老服务产业为例,养老服务市场仍在起步发展中,养老服务产业发展缓慢,主要体现在民办养老机构的盈利不足,发展困难;高端养老服务受众有限,发展缓慢。

为更好应对日益加重的老龄化,国家出台了对社会办养老机构不再设立准入门槛的政策红利,对所有类型的养老服务机构都有相应的政策扶持,但经过对民办养老机构的实际走访发现,民办养老机构仍然很难突破发展瓶颈,低价格招聘不到养老服务人员,高价格吸引不到老年人。

> 某养老机构负责人:其实政府对我们民办养老院还挺支持的,前一段由市财政出资,进行了护理人员的集中培训学习,合格后发放相关的护理资格证。有些服务你不能定价太高,老年群体受不了。可是我们定价低了,那些导尿管等专业操作做不了,本来社会上护理人员的工资太低的问题,就没有得到足够重视。我们定价低的话,他们工资也就低,人就留不住。

以老年地产、老年公寓等产品为主的高端养老服务在近些年受到社会的普遍关注,不论是政府的政策支持还是社会各方资源都认为该领域拥有广泛前景,大有可为。虽然高端养老服务产品丰富多样,有效需求不足却是比较突出的现实问题。老年人的服务需求仍未被有效激发,原因就在于老年人的消费能力低,消费意愿滞后。[①]

部分高端养老服务机构的发展也有着自身的问题:首先,定位不明晰。一些房地产公司打着养老服务的名义售卖地产,比如,某高端养老基地对外宣称要打造特色"旅居式、候鸟式、度假式"养老基地,但养老基地尚未建立完备,配套的地产已经开始售卖。其次,高昂的收费标准以及高额的会员门槛已将不少老人拒之门外。

> 某高端养老基地工作人员:当前我们基地尚未开园,已经投入运营的是位于郑州的一个老年公寓。我们公司一开始没打算出售

---

① 王莉莉.新时期我国老龄服务产业发展现状、问题与趋势[J].兰州学刊,2020(10):186-198.

房产,但后来郑州的一些客户认为房子是刚需,而且产权是可以继承的。等于说,前面的养老基地是我们的主要特色,也是我们后期的工作重心,后方的房产只是配套。前面的养老公寓所能提供的床位毕竟有限,有1200~1300张床位。随着基地正式开园,我们会将后面的房产拿出一部分用作租赁,自己进行运营。等于说,我们出售房产的情况只占很少一部分。还是以养老为主。另外,我们园区配套的医院是以康养为主的二级的全科医院。目前房价大概在6000元/平方米;目前我们提供的是一种基金入会的方式,基金个人是有收益的。办卡收费的等级从10万元~50万元不等,后期所有的消费都是从会员卡中扣除的,根据你办卡的等级,你在消费中享受的折扣也从8~5折不等。如果卡里的钱扣完了,可以续充,最低充值金额1万元,这个卡是终身折扣。

2.需求主体视角下的供需水平不匹配

(1)满意度的描述性统计分析。依据对老年群体社区养老服务满意度的调研结果(表5-1),可以获知:对于社区所提供的生活照料服务,仅有35.4%的老人持满意态度;在医疗保健服务中,仅有28.8%的老人对现有的医疗保健服务持满意态度;在精神慰藉服务中,仅有20.8%的老人持满意态度;在紧急救援服务中,仅有20%的老人对紧急救援服务持满意态度;在文教体娱乐服务中,有56.3%的老人对所提供的服务持满意态度;在日间照料服务中,仅有18.8%的老人对日间照料服务持满意态度。

进一步分析发现,除了文教体娱乐活动的满意度过半,老年人对于其余服务类型的评价都是处于不及格状态。其中,一些服务的满意度较低是因为该项服务尚未开展,如紧急救援服务,像呼救器、求助门铃等这些终端还未开始安装。除此之外,对养老服务评价不满意的原因,老年人给出的主观解释有:助餐、助洁等生活照料服务仅限85岁以上老人享受;体检次数较少;精神慰藉服务没有形成长效机制;文教体娱乐活动项目较少,仅有下棋;日间照料服务中心服务不健全,目前仅有娱乐活动项目。

表5-1　社区养老服务满意度情况

问题	类别	人数（人）	百分比（%）
您对生活照料服务是否满意	满意	85	35.4
	不满意	155	64.6
您对医疗保健服务是否满意	满意	69	28.8
	不满意	171	71.2
您对精神慰藉服务是否满意	满意	50	20.8
	不满意	190	79.2
您对紧急救援服务是否满意	满意	48	20
	不满意	192	80
您对文教体娱乐服务是否满意	满意	135	56.3
	不满意	105	44.7
您对日间照料服务是否满意	满意	45	18.8
	不满意	195	81.2

（2）满意度的影响因素分析。为了更好地探究老年群体对养老服务供给的响应程度,本书对养老服务满意度的影响因素进行了深入分析。考虑目前开封市所提供相对比较完善的养老服务项目就是以"助餐、助洁"为代表的生活照料服务,同时基于样本量及样本数据的考虑,因此计划建立二元logistic回归分析模型去分析老年群体选择生活照料型养老服务满意度的影响因素。社区老人对生活照料服务的评价分为不满意和满意两种情况,分别赋值"0"和"1",并将是否满意作为因变量,因变量符合0-1型变量,因此采用二分类logistic回归模型对社区老人生活照料服务的影响因素进行实证分析。建立二元logistic回归模型,见式（5-1）。

$$Y_i = \alpha_0 + \beta_1 X_1 + \beta_2 X_2 + \dots + \beta_n X_n + \mu \tag{5-1}$$

其中,Y_i为因变量,即老人的满意度;α_0是常量;$X_1, X_2, \dots, X_n$为自变量,即可能影响满意度的因素;$\beta_1, \beta_2, \dots, \beta_n$为回归系数;$\mu$是随机误差项。

据上文所述,本书将"老人对生活照料服务满意度"作为被解释变量,将性别、年龄作为控制变量,将收入状况、是否担忧老年生活、养老方式是否理想、是否有必要开展社区养老服务作为自变量。将以上变量进行二元

logistic 回归模型分析,结果见表 5-2。

表 5-2　样本预测情况

已观测值		已预测		百分比校正
		总的来说,您对生活照料服务是否满意		
		不满意	满意	
总的来说您对生活照料服务是否满意	不满意	140	15	90.3
	满意	67	18	21.2
总计百分比(%)				65.8

经过 SPSS 数据软件进行分析预测,得出通过本模型选取的自变量(性别、年龄、收入状况、老年人对老年生活担忧情况、养老方式理想情况、社区养老服务开展必要性)预测 240 位老人在生活照料服务满意度方面的结果,其准确度为 65.8%(大于 60%),在一定程度上可说明本模型拟合程度较好,具有一定的合理性。

表 5-3　二元 logistic 回归分析结果

变量及分组	模型一			模型二	
	B	Sig	Exp(B)	Sig	Exp(B)
性别	−0.348	0.338	1.307	0.231	1.416
年龄	0.019	0.170	1.039	0.554	1.019
收入状况	0.414			0.038**	1.513
老年人对老年生活担忧情况	−0.116			0.693	1.123
养老方式理想情况(不理想=0)	−0.820			0.005***	0.441
社区养老服务开展必要性	−0.156			0.710	0.855
−2 对数似然值	308.815[a]			294.509[a]	

注:*** 表示 $p<0.01$,** 表示 $p<0.05$。

二元 logistic 回归分析结果如表 5-3 所示,在上述影响因素中,老人的收入状况($P=0.038<0.05$)、养老方式的理想状况($P=0.005<0.01$)对老人的服务满意度有显著影响,在具有显著性的影响因素中又呈现出一些特征,在老人的收入状况中,由于"收入状况"的系数为正($B=0.414$),说明在控制其他变量的情况下,收入状况对老人对生活照料服务满意度有正向影响作用,从发生比来看,收入每增加一个单位,老人对生活照料服务的满意度都会增加 51.3%;在对目前养老方式是否理想的态度中,由于"养老方式的理想状况"的回归系数为负($B=-0.820$),说明在控制其他自变量的情况下,养老方式理想情况对老人生活照料服务满意度有负向影响作用,从发生比看,认为目前养老方式理想的老人,对生活照料服务满意的程度是认为养老方式不理想的老人的 44.1%。

综合上述分析,老年群体对养老服务的消费意愿有限,消费能力不足,消费积极性不高。首先,这是由老年人的生活习惯决定的。现在这一代老年人,大多经历过物质资源不丰富的阶段,保持着勤俭节约的生活习惯,同时,老年人退休之后收入大大降低,可支配收入有限,很难改变现有的生活方式,即使有养老服务需求,也是出于对未来自身健康状况的考虑,迫不得已会在医疗保健方面进行一些消费;同时,老年群体对政府有着强烈的信赖(表 5-4),在选取"基本养老服务"的 73 位老人中,有 63 位老人认为政府应当作为基本养老服务的供给者;在选取"医疗卫生服务"的 137 位老人中,有 118 位老人认为政府应当作为医疗卫生服务的供给者。这就造成了市场组织和社会组织在养老服务供给的存在感较弱,进而会影响养老服务市场的长足发展。其次,养老服务供给的不充分、不健全也会影响老年群体的消费。由于河南省的智慧养老服务平台的建设处于起步阶段,很多服务仍在逐步供给。养老服务的产品规范能否标准化、价格能否负担、服务等级能够流程化等,仍需要政府、市场、社会与家庭共同合作,促进养老服务产业的可持续发展。

表5-4　养老服务供给方评价

问题	类别	人数（人）	类别	人数（人）
您认为当前最应该提供的是哪种养老服务，且应由哪个主体提供？	基本养老服务	73	政府	63
			家庭	10
	医疗卫生服务	137	政府	118
			市场经营主体	16
			社会公益组织	3
	精神卫生服务	25	社会公益组织	17
			家庭	8
	高端养老服务	5	市场经营主体	5

养老服务的有效供给得益于多元主体的协同治理。在理解社会养老服务多元治理结构和流程的基础上，深入分析政府、社区、市场、家庭之间在养老服务供给中的治理实践，得出以下结论。

第一，不同类型的养老服务决定多元主体治理结构。前文分析中发现养老服务需求与养老服务利用的不一致性，考虑老年人养老服务需求的异质性，应根据老年人的年龄特征、收入特征、失能特征有针对性地进行养老服务类型化。比如，对于低收入的老年人，可根据其年龄和失能情况形成基本养老服务、普惠养老服务和个性化养老服务。其中基本养老服务由政府出资、市场提供，普惠养老服务由政府补贴引导、市场提供，个性化养老服务完全由市场提供。采取分层分级分类的方式将养老服务类型化，不同类型的养老服务采取不同的多元主体治理结构。

第二，养老服务生产的关键要素决定多元主体治理流程。无论基本养老服务、普惠养老服务与个性化养老服务，养老服务的生产都是由市场提供，这就使得养老服务多元主体之间的有效互动显得非常重要。在养老服务生产过程中，多元主体提供不同生产要素，然而，关键要素会影响社会养老服务多元治理流程。比如，基本养老服务是由政府全部出资，政府不仅要核实老年人的养老服务信息，而且要向市场购买养老服务，同时还要监管养老服务的提供过程，因此，政府在基本养老服务多元主体的组织治理结构中呈现主导地位,整个治理流程都是围绕政府形成。

第三,养老服务供给过程中的主体之间的协同程度决定多元治理效率。政府、社区、市场、家庭四个主体在养老服务供给过程中的协同程度直接影响老年人对养老服务的利用情况。依据前文的调研访谈,社区与家庭之间、政府与市场之间、市场与家庭之间都存在不同程度的不同步,各个主体都基于自身利益最大化采取行动,无法通过最大公约数提升多元治理效率。

第六章
构建基于养老服务产业发展的社会多元治理模型

第一节 养老服务产业要素分析

本书采取"钻石模型"理论来进行养老服务产业要素分析,"钻石模型"是由美国著名战略管理学家迈克尔·波特提出的,常被用于分析一个国家在国际上的竞争优势以及某个产业的发展状况,该理论认为,一个产业取得竞争优势的关键在于六个要素,其中"生产要素""需求条件""相关产业与支持性产业""企业战略、结构和同业竞争"是基础要素,"机会""政府"是辅助要素,六要素之间相互联系、相互影响,形成一个动态的竞争系统。

一、生产要素分析

生产要素是进行社会生产活动所必需的有形或无形的投入,主要包括劳动力、资本和技术等。任何形式的生产活动都需要生产要素的投入,生产要素的有效合理配置最终会影响产业的生产效率与竞争力。养老服务产业作为典型的第三产业,其产业要素必然包括生产要素,传统经济学的生产要素包括劳动力、资本、土地,现代经济学将其范围扩大到技术、数据、组织等。对养老服务产业来说,其生产要素主要包括资本、劳动力、技术、基础设施。

（一）资本

资本是创造财富的各种社会经济资源的总称，是开展市场经营活动最重要的物质基础。养老服务产业中的资本要素可以分为投入资金和开展养老服务活动所需要的各种资金资源。根据资金来源的不同，可以将养老服务业的性质分为营利性和非营利性，政府资金投入的养老服务业属于政府行为，具有保障民生和社会福利的性质，可以将其划分至养老事业的范畴；私人、社会资金投入的养老服务业偏重市场行为，是以营利为主要目的的市场经营活动，是典型的养老服务产业。在各种投入到养老服务产业的资源中，可以将其划分为物质资源、专业资源和社会资源，物质资源主要包括开展养老服务所需要的设备、建筑物、固定资产投入等硬件设施，专业资源主要指支撑养老服务开展的一系列专业性知识，主要包括医疗、护理服务，对老年群体或机构进行的专业性评估，或者对提供养老服务的人员展开的培训，社会资源包括社会组织、志愿者等为开展养老服务所进行的相关支持活动。

（二）劳动力

养老服务产业的核心是服务，而服务的核心是人才。目前，我国养老服务人才主要包括照护服务人员、管理人员以及专业技术人员，其中负责照护工作的养老护理人员是养老服务人才的主体。养老护理人员面向有需求的老年群体直接提供养老服务，因此其素质高低、专业性强弱直接决定了服务质量。此外，养老服务行业的特殊性决定了养老服务的管理人员需要同时具备管理知识和养老服务的专业护理知识。从事养老服务产业的专业技术人员主要包括专业医生、营养师、心理师、康复师等。目前我国养老服务人才短缺，难以满足养老服务产业快速发展的需求，多层次的养老服务人才是未来养老服务产业发展的必然要求，而人才短缺本质上需要人才培养，建立完善的人才培养体系是保证养老服务产业稳步发展的前提，对此要开展养老服务人才培训提升行动，切实增强养老服务持续发展能力。

（三）技术

技术的支持是推动养老服务和产品持续创新不可或缺的要素。养老服务产业的发展不仅是养老服务市场规模的扩张和产业链条的延伸，更体现为支撑产业发展相关技术的创新和进步。随着社会的不断发展和人们消费水平的提高,人们对养老服务和产品的需求也发生了变化,这就要求市场不断开发多样化、个性化的养老产品。养老服务的技术要素是将信息服务平台、网络技术、数据处理技术等现代化智能科技应用在养老服务的过程,这一过程以提高服务效率、降低服务成本、实现服务质量和效率的提升为目标。目前依靠信息技术的"智慧养老"已成为养老服务的重要模式之一,智慧养老模式本质上就是将技术转化为养老产品,通过整合各种养老资源,扩大养老服务的范围,延伸人工养老服务的能力,弥补养老服务人才短缺带来的不足,让更多的老年群体享受更优质的服务。因此,未来养老服务产业应基于各种新技术手段,培育养老服务新模式、新业态,开发多样化的养老产品,提高养老服务的效率和质量。

(四)基础设施

养老服务产业基础设施是否健全、合理、高质量也是影响产业发展的关键要素之一,其主要涵盖场地、生活服务设施、医疗保健设施、文化娱乐设施、老年教育机构以及公共服务设施的适老化改造等。目前我国可供选择的养老方式中,无论是居家养老、社区养老还是机构养老,都需要有一定的场地开展服务活动;生活服务设施用来满足老年群体的基本生活需求,一般供给较为充足完整;医疗保健设施是老年群体的刚需,但存在供给不足的现象;文化娱乐设施用来满足老年群体的精神文化需求,但也存在供给单一和利用率不高的问题。对此,在养老服务基础设施建设过程中,应充分了解老年群体的真实需求,对养老服务设施分类管理,提高养老设施的利用率;同时也需要提升养老服务设施标准化建设和多元布局的能力,满足多样化的养老需求,实现养老服务资源共享。

二、需求条件分析

养老服务产业的需求条件是指有关养老服务产业市场的潜力、规模的相关条件。从市场经济的视角看,要形成一个良好有效的养老服务市场,需要有足够消费能力和消费需求的"老年群体",对此,需要界定不同类型的养老服务需求主体及其对应的需求内容;同时,在讨论市场需求时不可避免地需要从供给层面对供需匹配问题展开论述,因此,下面在"需求条件"要素的基础上加入对养老服务市场供给要素的讨论。

（一）需求主体

首先,养老服务主要面向老年群体提供服务,根据市场三要素理论:市场＝人口＋购买能力＋购买需求,因此,养老服务市场需要有足够的老年人口,第七次全国人口普查数据显示,截至 2020 年 11 月 1 日,我国 60 岁及以上人口比重达到 18.7%,65 岁及以上的人口比重达到了 13.5%,老年人口规模庞大,60 岁及以上人口有 2.6 亿人,其中 65 岁及以上人口 1.9 亿人。老龄化社会程度和速度都在不断加深,在老年群体规模持续扩大的前提下,养老服务需求肯定会被释放,产业发展也将有的放矢。

其次,消费者的购买能力决定了市场规模的大小,而购买能力与可支配收入相关联,可支配收入越多购买能力就越强。根据可支配收入高低可以将老年群体分为低收入、中等收入和高收入。低收入老年群体对无偿、低收费的养老服务需求多,这部分服务通常由政府直接或间接提供,属于基本公共服务的范畴;高收入老年群体对优质高效、有偿、个性化的养老服务需求多,这部分老年群体既有养老服务需求又有支付服务的能力,是养老服务产业化发展的主要目标群体;中等收入老年群体比较特殊,他们是规模最大的一类老年群体,其养老服务需求介于基本服务和高质量服务之间,他们有能力保障自己的基本生活需求,但对更高质量的养老服务却没有足够的购买能力,或者因各种主客观原因而不敢消费。

最后,老年群体的购买需求是形成养老服务市场的必要条件,是养老服务市场所有经济活动的出发点和落脚点,它会受购买力的影响,也会受消费心理和养老产品影响。近年来,中国传统的养老观念开始动摇,老年群体对各种养老方式的接受度逐渐提高,对多样化的养老服务、养老产品也有了较强的需求。基于此,养老服务产业发展应该深入了解老年群体的心理需求和消费倾向,正确引导老年群体的消费观念和消费行为,同时开发种类丰富、多层次的养老产品,促进养老服务市场的繁荣发展。

（二）需求内容

按照需要照顾的类别可以将老年群体的需求划分为三类:生活照料需

求、医疗保健需求和精神文化需求。生活照料需求包括衣食住行等,是最基本和最常见的需求;医疗保健需求包括康复、护理、健康咨询、预防保健等,是部分老年群体的刚需;精神文化需求包括精神慰藉、心理咨询、休闲娱乐等,能丰富老年群体的闲暇生活。

根据老年群体能否自理可以将老年群体大致划分为三种类型:完全自理型、半自理型、失能失智型。对于完全自理型老年群体,其养老服务需求主要集中在预防保健、健康咨询等方面;半自理型老年群体对基本生活照料需求轻度依赖,对健康管理和医疗服务需求较多;失能失智型老年群体对基本生活照料需求高度依赖,对治疗疾病和维持生命活动的专业医疗护理需求更为迫切。精神文化需求主要是为老年群体在心理和精神层面提供帮助,各类老年群体都有不同程度的需求。

从老年群体的整体收入状况来看,目前中等收入群体规模最大,因此他们的收入水平和消费能力在很大程度上决定了养老服务产业的未来走向,但他们的需求潜力尚未被完全挖掘,充分开发这一群体的潜在需求将有利于扩大整个养老服务市场的规模。此外,近年来,老年群体的消费场景由传统的线下转向线上线下相结合,消费模式和消费内容逐渐智能化。这就需要市场积极创新,利用各种新技术手段,加大对养老相关科研的投入力度,将大数据、信息技术、互联网等与传统养老有机结合,推动个性化、适老化产品的开发、推广及应用。

(三)供给要素

厘清不同供给主体在养老服务市场中所具有的功能和不同主体之间的责任边界及相互依存关系是促进养老服务市场供需平衡的重点,同时可以通过对养老产品类型进行细分,划分出不同质量和内容的养老产品。

首先,在供给主体方面,市场是养老服务产业的主体,但整个产业的规模化发展离不开政府和社会的共同参与。政府在养老服务产业中发挥着引领作用,既要提供养老服务,又要协调好与市场、社会的关系。在满足养老服务需求方面,政府既需要做好顶层设计的工作,制定养老服务产业规划,完善养老服务行业标准,完善养老服务产业监管体系,同时也要提供兜底性养老服务作为养老服务产业发展的补充,保证低收入老年群体享受到

最基本的养老服务。市场能够及时察觉到老年群体的需求变化,并且市场
的竞争机制能够提升服务供给的效率和质量,充分发挥市场在养老服务产
业中的主体作用,首先需要在政府规定的制度、政策框架内提供各种养老服
务,同时创新养老服务的提供方式及内容,不断提升养老服务的供给质量和
品质,满足老年群体多样化的养老需求。社会力量和民间资本进入养老服
务市场能够扩大养老服务的有效供给,例如非营利组织、志愿者、金融机构
等,它们能在小范围内整合社会福利资源,灵活开展养老服务,缓解政府的
社会化养老压力。

其次,在供给产品方面,根据公共产品理论可以将养老产品细分为三
类:一是兜底性养老产品,属于完全非营利性质,这部分需要由政府提供,属
于养老事业的范畴,具有福利性;二是普惠性养老产品,属于半营利性质,由
政府和市场共同提供,覆盖低收入、中等收入和高收入三类人群;三是个性
化养老产品,属于营利性质,完全由市场提供,且主要面向中高收入老年群
体,服务品质和质量都较高,完全围绕需求进行生产。兜底性服务和产品由
政府定价,个性化养老服务和产品由市场定价,普惠性养老服务和产品实行
差额定价,在保留社会企业成本和盈余的基础上,由政府实施补贴差
额。① 后两类是养老服务产业发展和盈利的重点,中高收入群体是养老服务
市场的主要"目标客户"。

目前我国养老产品市场供需失衡,主要体现在数量和质量方面。"一床
难求"和床位闲置现象并存,医疗护理和精神文化类服务是供给短板,个性
化产品和服务供给不足;无论是对老年群体的基本生活照料服务,还是医疗
护理,我国都与国外存在很大差距,服务的专业性、规范化,乃至业内对国内
养老照护机构的服务都没有形成统一的标准,中国养老服务产业仍然有很
大的提升空间。未来除了继续在照料、护理等传统养老服务领域提高服务
质量,还应大力拓展关于老年文体娱乐、精神慰藉、老年房产、保险理财等方
面的新型养老服务。

---

① 杨燕绥,秦勤.论三类养老服务与产品的生产机制[J].中国人力资源社会保
障,2022(3):25-26.

三、相关产业和支持性产业

养老服务要朝向产业化发展，就离不开相关产业的支持。养老服务产业不是单一业态，它是依托第一、第二、第三产业建立的一个新兴综合产业，不仅包括传统养老机构的兴建、服务设施的完善和基本养老服务的提供，还包括能满足老年群体多样化需求的各种行业，例如康养产业、养老旅游产业、养老地产、养老金融产业、老年教育等。

完整的产业链条是养老服务产业化发展的方向，养老服务产业链以养老服务为核心，涵盖居家养老、社区养老、机构养老；以养老支柱产业和辐射产业为产业链主体，包括医疗康复产业、老年旅游产业、护理保健、食品用品等；以上游产业为支持，包括老年保健品、药品、辅助器械等；以下游产业为末端，包括养老地产、养老金融等附加经济价值较高的产业。这些行业紧密关联、相互合作，能提升养老服务供给的效率和质量，最终形成一个完整的养老服务产业链。

养老服务产业的发展不仅能够带动老年用品、餐饮、医疗、房地产等相关产业的发展，而且对上下游产业如建筑、材料、家居、水电、殡葬等几十个行业都具有显著的经济带动效应。目前我国的养老服务产业还主要集中于老年群体的日常的食品用品、医疗、照护等传统领域，对于老年旅游、老年教育、老年金融等产业附加价值大的领域涉猎不足，市场开发潜力和空间较大。

四、企业战略、结构和同业竞争

行业内部的发展战略和同行业之间的竞争是影响该行业发展的重要外部要素。企业战略、结构和同业竞争是指市场上养老服务企业的市场竞争、管理策略和相关企业的创建、组织和管理的条件。企业是产业发展的基础，产业竞争力的提高依赖企业的发展壮大。

目前，我国从事养老服务的企业可大致分为三类：满足中高端养老需求的险资企业，以平安、泰康人寿为代表，其从事的养老社区项目、健康医疗产业等，构建起一个"保险+医疗+养老"的生态圈；以地产企业和相关养老产品结合形成的养老地产,使老年人获得经济供养、生活照料以及精神慰藉等基本内容的居住场所;以养老服务为主营业务的养老企业,这类企业常见为养老院、护理院等养老机构,目前是政府大力扶持的类型,其具有标准化、精细化的管理,以养老服务质量的提升作为其核心竞争力,重视对老人的护理、照顾等,发达地区这类企业发展态势较好,但存在地区发展不均衡的现象,且普遍面临着人才队伍建设和财政困境等问题。

同业竞争因素主要指养老服务产业的发展使越来越多的社会力量、民间资本进入养老服务市场,形成了多元主体有序参与、共同发展的竞争格局,这有利于丰富养老服务内容,促进养老服务市场繁荣发展。相较于其他服务行业,养老服务的可替代性很低,即它是人们的一种"必需品",但在我国养老本身具有福利性和公益性,因此,养老服务企业在追求经济效益的同时也应该注重其社会效益。

五、机会

迈克尔·波特认为,对企业发展形成机会的情况有:基础科技的发明创造、传统技术出现断层、外因导致生产成本突然提高(如石油危机)、金融市场或汇率的突然变化、市场需求的剧增、政府的重大决策、战争。对于养老服务产业而言,其"机会"要素主要是市场需求及政府决策的结果,即人口老龄化带来的产业发展机遇。

虽然老龄化、高龄化程度的加深使我国养老事业压力重重,但挑战与机遇往往并存,养老服务产业发展的机会也随之而来。

首先,除了老年人口数量增多和比例逐渐提高之外,越来越多的独居老人和独生子女也是当今社会不容忽视的客观现象,这同时也是养老服务产业发展的机遇。相关机构调查数据显示,我国超六成老年人口"独立居住",80岁及以上的高龄群体中,独居比例仍在四成以上。我国家庭结构逐渐呈现小型化和"倒金字塔"型的特点,越来越多的独生子女需要承担巨大的养老压力。

其次,生活层次及经济水平的提高往往会带来观念上的转变,老年人消费能力的提高使其养老需求从单一化转向多样化、高品质,养老服务市场的内容也随之逐渐丰富,产业发展因此得到了更多机会。

此外,政府的决策也为养老服务产业发展提供了多种机遇,不仅积极推动各项养老制度的改革,也从战略层面为促进养老服务产业发展出台了各种优惠政策。2019 年中共中央、国务院印发的《国家积极应对人口老龄化中长期规划》,是到 21 世纪中叶国家积极应对人口老龄化的战略性、综合性、指导性文件,它为打造高质量养老服务和产品供给体系、推进健康养老服务产业发展提供契机。

六、政府

相较于其他行业,养老服务产业往往投入大,资金回收较慢,产业周期长,很多企业不愿意投资,而且养老服务产业的服务对象决定了其产业活动必然具有一定的社会福利功能,因此在一定时期内需要依托政府提供资金支持、税收优惠才能稳步发展。

为扶持养老服务业的发展,我国从 2006 年开始出台了一系列政策文件,具体内容如下。

在 2006 年全国老龄委办公室、民政部等联合推出的《关于加快发展养老服务业的意见》中,"养老服务业"这一概念被正式使用,标志着养老服务开始由福利事业向现代服务业转变;随着"十二五"时期《社会养老服务体系建设规划(2011—2015 年)》的实施,养老服务产业化在我国正式启动;2013 年被称为"养老服务产业元年",《国务院关于加快发展养老服务业的若干意见》明确大力发展老龄服务事业和产业,是养老服务业发展的里程碑式文件;2019 年《国务院办公厅关于推进养老服务发展的意见》《国家积极应对人口老龄化中长期规划》等文件的出台,从绩效考核、应对老龄化的工作任务等方面为养老服务的发展提供了更多政策支持。

第二节 社会养老服务多元主体分析

根据前文分析,社会养老服务包括需求提出、识别、评估、生产、递送、监督、反馈等一系列过程,需要政府、市场、社会、家庭等多元主体的共同合作,会产生与养老服务相关的信息、资金、服务递送等的多元主体间的互动媒介,从而界定出社会养老服务供给中多元主体的责任主体和供给主体。

一、社会养老责任主体

社会养老服务的多元责任主体是政府、家庭、社会组织(社区自治组织和志愿组织)。

(一)政府

政府代表着公共利益,发挥着公平正义的职能,为公众提供优质的公共产品日益成为政府的根本任务。特别是我国已进入以人的全面发展为目标的新阶段,以基本公共服务均等化为重点的民生问题已成为政府工作的重要任务。

在养老服务领域,政府是养老服务体系的构建者与建设者,在担负着基本养老服务的兜底责任的同时,还要前瞻性地布局养老服务产业,引导社会资本广泛参与,活跃养老服务市场,壮大养老服务产业发展。由于养老服务产业具有服务需求灵活、劳动密集型的特征,无法实现高度集约化、规模化、流水式的工业化生产,会造成从事该领域的从业者利润率较低[1]。因此,政府应发挥好自己在养老服务产业中的引导作用,通过政策支持与产业扶持促进养老服务产业的大发展。具体来讲,政府应从顶层设计、产业规划、服务人员专业化和消费环境优化等方面推动我国养老服务产业的发展,必须

---

[1] 张新生,王剑锋.发达国家居家养老服务产业及其对我国的启示[J].理论导刊,2015(9):79-81.

坚持产业化的方向,明确养老服务产业化途径、盈利模式、打通产业链。

(二)家庭

众所周知,家庭养老是老年人首选的养老模式,在传统的农业社会,老年人在晚年可以由多个子女共同赡养,然而,在现代社会,少子化现象造成家庭规模的快速缩小,家庭内部的子女供养已不能完成养老责任,养老服务的社会化油然而生。尽管养老服务社会化是将工业社会的专业化分工应用到服务行业中,但是家庭的经济供养责任依然是明确的。市场化提供的生活照料类、医疗护理类与精神慰藉类服务都可以由专业化的劳动力完成,然而家庭子女提供的温暖却是老年人不可或缺,也是不可替代的。

考虑老年人熟悉的生活环境,老年人绝大多数选择居家养老,在"9073"的养老格局下,90%的老年人都以家庭周边的生活环境为主来选择养老场所,因此,构建以社区为主的居家养老服务体系,壮大养老服务产业是家庭必须承担的养老责任。对于养老服务产业的发展组织来说,非常需要汲取传统"孝道"的伦理与实践、"守望相助"传统下的互助式养老等文化要素,从而为养老服务产业创造积极的营销环境,促进新的养老服务商业模式的产生。

(三)社会组织

根据福利多元主义理论,社会组织是福利生产的重要力量。同时,社会组织是通过志愿提供公益服务的第三部门,独立于政府与私人部门之外,以实现公共利益为目标,强调非营利性与志愿性。作为服务于老年群体的社会组织,其自身的性质和宗旨与老龄事业的基本公益属性是完全契合的,同时其自身的自发性和志愿性能够更好地贴近老年群体,深刻体察老年人的需求。社会组织在现代社会也担负着老年群体的养老责任,一方面通过其专业优势向老年群体提供专业化的养老服务,另一方面还依据自身的组织优势和专业优势使其能够担负起养老服务行业管理者的功能,协助政府调查行业发展状况,拟定发展计划。

我国与养老服务相关的社会组织有两类:一类是社区自治组织,主要对养老服务的具体行动承担统筹管理责任;另一类是非营利性组织,也是志愿组织,是基于老年群体利益为组织目标,向老年群体提供养老服务的组织部门。

二、社会养老供给主体

社会养老的供给主体是市场组织,包括营利性组织(民办养老机构、私人养老企业)和非营利性组织(民办非企业养老机构),主要向老年群体提供养老服务。

(一)营利性组织

依据经济学原理,市场上的营利性组织以利润最大化为目标来从事生产活动。作为提供养老服务的营利性组织,也就是我们常见到的民办养老机构或私人养老企业,它们为老年群体提供服务产品,获得利润以维持生存。从生产者角度看,追求利润最大化必然是在收益与成本之间寻求平衡,其定价策略要考虑所生产产品的需求弹性,一般来讲,需求弹性小定价要低一些,需求弹性大定价可以高一些,因此,与老年群体生活息息相关的必需服务产品定价较低,利润空间小,提高老年群体生活质量的服务产品定价较高,利润空间大。因此,营利性组织大多会将收入较为充裕的老年群体作为目标客户,更多地向这类老年人提供服务产品。

(二)非营利性组织

依据福利多元主义理论,非营利性组织是以公共利益最大化来从事生产活动。作为提供养老服务的非营利组织,在我国称之为民办非企业养老机构,向老年群体提供公益或微利的养老服务。由于营利性组织不愿意提供需求弹性小的养老服务,这类养老服务是老年人晚年生活的必需服务产品,称之为基本养老服务,比如,助餐、助洁、助浴、助行等服务,政府对低收入的老年群体承担基本养老服务的兜底责任。具体做法是,政府对非营利性组织进行养老服务的政府购买,经由社区组织完成信息采集等管理工作,非营利性组织直接提供服务即可。

考虑到老年群体的收入状况,依据前文的实证分析,老年群体在养老服务的选择上会考虑收入承受能力与需求是否急迫等因素,因此,作为市场主体的营利性组织和非营利性组织要充分考虑所提供的养老服务的性价比,才能在供给结构和数量上解决养老服务供给不足与质量不高的问题。在布局养老服务产业发展时,要充分调研养老服务产业这类属于典型的"小利润大市场"的微利行业,养老服务产业的发展就要有持续投资的市场耐性,采取品牌化、连锁化经营,努力扩大市场规模,获得稳定的市场规模利润①。同时,市场主体在进入养老服务领域经营中要顺应大部分老年人仍选择居家、社区养老的趋势,市场力量的进入应以开发特色化、为全社会老人提供普惠型养老服务为主。特别是要依据老年人的生理、心理的受损程度,提供长期性、专业性的健康服务。服务标准的确定也要依据老年人失能、失智的程度,在服务内容、服务频率、服务时间上有所差异,照护者必须依据老年人实际身体状况的变化调整服务型态。②

三、社会养老多元主体互动分析

(一)政府与家庭

政府作为社会养老的责任主体,在养老服务提供上秉持公平与效率的理念。公平体现在养老服务的公益性和福利性特征上。从经济属性上看,老年人在退休以后成为纯粹的消费者,再加之丧失劳动能力,用于消费的收入来源仅依靠养老金和储蓄,因此,对于大部分老年人来说,养老服务的消费数量会随着年龄的不断增大而越来越多,花销也会越来越大。因此,为了保障老年人的权益,政府必须承担提供社会养老服务体系这一公共产品的责任,特别是对于贫困的低收入老年人,政府需要承担基本养老服务的兜底责任,对于收入中等的老年人,政府应当承担普惠养老服务的监管责任。效率体现在养老服务的供给上。无论是基本养老服务还是普惠养老服务,服务的生产者都是市场主体,政府承担资金责任,通过政府购买形式向低收入老年人提供基本养老服务,通过补贴或税收优惠形式向中等收入老年人提供普惠养老服务。

(二)社会组织与家庭

根据现在"9073"的养老格局,绝大多数老年人都要依托社区实现社区

---

① 盛见.我国养老服务产业供需失衡问题及其对策研究[J].中州学刊,2018(11):52-57.

② 付诚,韩佳均.我国养老服务产业化发展的现实困境与改进策略[J].经济纵横,2015(12):26-31.

养老或家庭养老。基层社区组织、非营利组织或志愿组织将会是与老年人直接进行养老服务信息交换和服务供给的社会组织,他们之间的互动会产生信息流、资金流和服务流。基层社区组织为贫困老年人提供养老服务的信息管理,非营利组织和志愿组织为老年人提供普惠或评价的养老服务。具体来看,基层社区组织一方面要为老年群众服务,真实、细致、高效地收集他们的养老服务需求,另一方面要协助配合政府的工作,对潜在的养老服务市场进行评估,为政府选择有资质的养老服务供给者提供数据上的支持,需要强调的是,社会组织也应当保持一定的中立客观性,对已经完成的养老服务或者正在进行的养老服务进行及时的评价及反馈,以便更好地为后续服务供给的调整提供参考。

(三)市场与家庭

家庭和市场分别作为养老服务的需求责任主体和供给主体,二者之间产生养老服务的供需关系,同时会发生信息、资金和服务的流动。具体来讲,市场要想进行养老服务供给就必须要对养老服务需求进行知悉。包括目标群体的情况,如收入、年龄、身体状况等,以及能够接受的形式和内容。并且在事后要通过及时评价和反馈进行服务的改进和升级;而家庭也应该承担好自己应尽的责任和义务,做好收集养老服务需求的工作,对提供的养老服务进行有效的评价,以便促进家庭主体和市场主体的良性互动。在这个供需匹配过程中,市场要清楚老年人的不同养老服务需求,通过细分养老服务市场来实现供需结构与供需水平的契合。

(四)政府与市场

党的十九届五中全会强调,要推动有效市场和有为政府的更好结合。在养老服务领域,在福利市场(政府)、平价市场(社会组织)之外,市场主要承担的是提供个性化养老服务的任务。政府与市场在养老服务领域的关系,可以总结为两方面:一是政府要维护养老服务市场的公平竞争环境。在充分明确养老服务公益性特征的基础上,制定营利组织和非营利组织的准入制度、退出制度和监管制度,做好养老服务的价格指导。二是政府要积极引导养老服务产业的持续发展。鼓励营利组织提供平价或普惠养老服务,通过补贴、奖励或税收优惠等经济管制政策支持营利性养老服务企业的多样发展。

作为具有公共物品性质的养老服务事业,它的目的就是满足老龄群体的基本公共需求;而作为具有私人物品性质的养老服务产业,它的主要目的是生存和盈利。虽然养老事业和养老服务产业在定义、目的上存在着部分差异,但是二者的最终目的都是应对人口老龄化形势,满足日益增长的养老需求。为了实现二者的良性互动机制,就要厘清政府的责任边界,处理好二者的关系。政府应当做好规划设计和政策引导,做好兜底保障和市场监管,在发展养老服务事业的同时带动养老服务产业的兴旺;市场应该发挥好自己的决定性作用,合理评估市场需求,供给适销对路的服务产品,及时收集消费者反馈意见并加以完善。

第三节　社会养老服务多元主体治理机制分析

经过上文的主体分析,社会养老服务在一定程度上已经具备了建立模型的理论基础。在经过对实地调研的了解与分析后,可发现在社会养老服务的各个阶段,每个主体所承担的任务并不是唯一的,角色不是固化的,与之相反他们有多种角色,是比较灵活多样的。以政府为例,首先它是责任方,肩负着养老服务的需求评估和供给责任,同时还要对养老服务进行评价反馈,甚至还有必要对其他主体进行监督和引导。因此,养老服务的多元主体按照其主要角色划分为责任主体和供给主体,并在养老服务的实际工作中积极发挥各自优势,更好地实现养老服务的供需平衡。经过相关理论分析并结合实际情况,建立如图6-1所示的社会养老多元治理模型,并对其作用机理阐释。

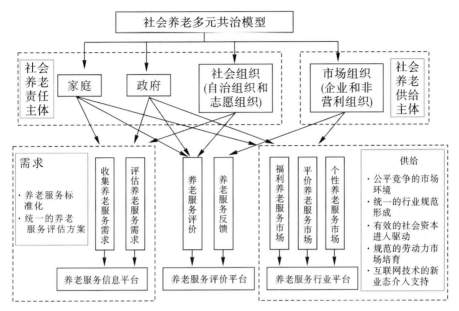

图6-1　社会养老多元治理模型

一、建立养老服务信息平台集成养老信息

根据新公共管理理论,政府需要承担养老服务需求评估方案的制定责任和对老年人兜底保障的责任。而制定养老服务需求方案的前提是借助社区(社会组织)和家庭去收集养老服务需求信息。社区(社会组织)作为福利多元主体的重要的第三部门,其自身的性质和宗旨与老龄事业的基本公益属性是完全契合的,同时其自身的自发性和志愿性能够更好地贴近老年群体,体察群众需求;而家庭作为社会养老服务产业的责任需求主体,也同样能承担收集家庭成员的养老服务需求责任。此外,要发展养老服务产业,养老服务供给必须满足消费者(目标老年群体)需求,所以通过社区组织进行事前需求分析、事中监督、事后反馈则显得尤为重要。根据《社会养老服务体系建设规划(2011—2015年)》,可以将养老服务划分为起居照料、家务服务、康复护理、医疗保健、精神慰藉、法律服务、金融服务等多个服务项目。本书模型试建立养老服务信息平台,通过整合家庭、社会组织(社区与基层自治组织)、政府等主体,从而实现信息共享与利用、需求评估,在需求层面

实现多元治理。

在养老服务信息集成平台的设计过程中,社区组织和家庭的互动关系是否高效在一定程度上能够影响养老事业的发展,尤其是基层社区组织被赋予重要的作用。鉴于此,在实际的养老服务信息的收集与反馈过程中,社区组织需要有效地联系政府与家庭主体发挥出应有的作用,从而精准收集、评估和整合养老服务需求信息,为后续的养老服务有效供给提供多元治理的起点。

二、形成养老服务行业平台调动养老服务产业发展要素

根据前文分析,影响养老服务产业发展的生产要素有资本、技术、劳动力,需求条件有需求主体、需求内容,相关支持性产业有助于形成养老服务产业链,企业战略结构和同业竞争有助于厘清产业发展格局,这些都是养老服务产业发展的基础要素,机会与政府是养老服务产业发展的辅助要素。基础要素可以看作是养老服务产业发展的内部因素,机会与政府可以看作是养老服务产业发展的外部因素。

从外部因素看,目前正是国家实施积极应对人口老龄化战略的关键时期,前瞻性布局养老服务产业才能更好地迎接人口深度老龄化的到来。政府也对民生事业投入了大量资金,在构建社会养老服务体系的同时,全面放开养老服务市场、积极推动养老服务产业的发展。具体来讲,一是出台法律法规政策,为老年人的养老保障提供法律依据,规范养老服务标准与评估细则,培养养老服务专业人才,为老年人的养老服务供给提供行动方案。二是承担养老保障的兜底责任,通过政府购买为低收入贫困老年群体提供基本养老服务,保障其基本权益。三是运用政策工具引导激发养老服务市场活力,推动养老服务产业发展。通过资金补贴和税收优惠等政策措施引导社会资本进入养老领域,壮大养老服务市场,推动养老服务产业的可持续发展。

从内部因素看,目前老年人的社会养老服务需求非常旺盛,养老服务需求类型多样,围绕着养老服务产业,家政服务业、食品药品业、医疗护理业、保健养生业、旅游业等相关产业都有很好的发展基础,有助于链接养老服务

产业,形成稳定的养老服务产业链。依据养老服务需求的多类型多层次的特点,要细分养老服务市场,依据养老服务的类型是否为老年人必需和老年人的收入状况来划分不同层次的养老服务市场,对于少数低收入老年人的基本养老服务,其服务规范由国家规定,由福利养老服务市场实现,其市场主体可以是非营利养老服务机构,也可以是营利性养老服务机构,可以是志愿服务也可以是微利服务。对于大多数中等收入的老年人的养老服务需求,一般是与身体状况相关带有急迫紧迫性质的,这样的养老服务供给由平价(普惠)养老服务市场完成,其市场主体可以是营利性养老服务机构,也可以是非营利养老服务机构,都是微利服务。对于少数高收入老年人的个性化养老服务,由个性(高端)养老服务市场完成,其市场主体是营利性养老机构,必然是由高资本投入的带有垄断性质养老集团才能提供,有较大利润空间。

模型通过建立养老服务行业平台,试图采取吸引优质资本、创新技术、完善市场、培育专业人才等措施去激发养老服务产业的发展。同时基于政府与市场的互动关系,政府的引导作用对于助推养老服务产业发展显得至关重要。

三、构建养老服务评价平台促进多层次养老服务市场发展

根据协同治理理论,只有社会养老服务多元主体协同发挥效能,才能实现养老服务产业的多层次多样化发展。家庭作为养老服务产业的责任主体之一,对所提供的养老服务进行评价反馈也是自身应发挥的重要作用。养老服务产业的发展在一定程度上会受到本国传统文化的影响,因此我国的养老服务产业不可避免地会带上传统家庭养老或者居家养老的文化烙印。鉴于居家养老的方式有着其他养老方式不可比拟的优势,对于养老服务产业的发展组织来说,非常需要汲取传统"孝道"的伦理与实践、"守望相助"传统下的互助式养老等文化要素,从而为养老服务产业创造积极的营销环境,促进新的养老服务商业模式的产生;此外,社会组织自身的组织优势和专业优势能够使其担负起养老服务行业管理者的功能,协助政府调查行业

发展状况,拟定发展计划。总之,社会组织应发挥好自己沟通桥梁的作用。市场主体同样能够针对社会养老责任主体对所提供养老服务做出的评价进行及时反馈,以便后续提供更加符合老年人预期的消费产品。

市场和家庭的互动关系主要通过有效的养老服务评价得以体现。老年人随着年龄的增长,身体状况下降,依赖性也增强,对服务质量的好坏有时会缺乏判断力或者没有能力表达自己的不满,为了保障老年人的权益不受损害,家庭和社区组织无疑是居家养老服务实际状况的最好监督者。家庭成员有权利也有义务对养老服务的情况进行监督,并及时向有关部门反映居家养老服务中的问题,以此促进养老服务产业的可持续发展。因此有必要建立养老服务评价平台,主要是养老服务供求均衡的评价和反馈,涉及的多元主体有政府、家庭、基层社会组织和市场组织。探究的是养老服务供求对接、服务评价及其后续服务供给的调整等。总之,构建有效的养老服务评价平台能够合理地将养老服务市场划分为福利市场(政府通过政府购买方式为贫困低收入老年人保障基本养老服务)、平价市场(由非营利性组织提供的大多数老年人可以负担的养老服务)和个性化市场(由企业提供的高收入老年人订制的个性化养老服务)。这样既能保证养老服务覆盖所有的消费主体,又能改变过往粗放提供养老服务的局面,避免了资源的浪费。

模型通过建立养老服务评价平台,有助于社会养老服务多元主体确认多层次养老服务市场的服务类型、服务内容、服务标准与目标群体特征,有助于厘清多层次养老服务市场边界,有利于市场主体的服务产品定位与研发,加快养老服务产业生态的形成,促进养老服务产业的可持续发展。

本章根据前文的河南省养老服务政策分析、养老服务需求、供给与利用分析、养老服务多元主体的治理实践分析,得出应当构建基于养老服务产业发展的社会多元治理模型,结论如下。

第一,依照钻石模型,对养老服务产业的生产要素、需求条件、相关产业与支持产业、企业战略、结构与同业竞争、机会和政府六个主要影响因素进行逐一分析,综合分析结果,劳动力、资本、技术、产业链是养老服务供给的核心要素,服务需求与产品供给的层次化与多样化是养老服务产业发展的关键因素,政府是养老服务产业发展的主要支持力量。

第二,依照养老服务供给的责任,将社会养老服务多元主体分为社会养老责任主体与供给主体,其中,政府、社会组织与家庭是社会养老服务的责任主体;市场组织,包括营利组织和非营利组织,是社会养老服务的供给主体。社会多元主体之间的互动就养老服务供给而言会产生信息流、资金流和服务流。

第三,依照养老服务供给中政府、社会组织、家庭与市场等多元主体的职责内容,进行治理机制分析,分别建立养老服务信息平台集成养老信息,形成养老服务行业平台调动养老服务产业发展要素,构建养老服务评价平台,促进多层次养老服务市场发展。

第七章
基于养老服务产业发展的河南省社会多元治理路径创新对策建议

第一节　构建基于养老服务产业发展的社会多元治理格局

一、发挥政府在社会养老服务多元治理中的引导作用

（一）发挥政府在政策制度方面的先导作用

1.完善社会保障体系

社会保障制度作为社会的压舱石、稳定器，对社会的方方面面都会产生深远影响。当前我们国家虽然已经建立了世界上覆盖规模最大的社会保障体系，但从整体来看，我们的社会保障体系仍是保障水平不够高、保障范围不够广、保障力度不够强的。完善的社会保障体系是发展养老服务产业的基础，在健全充分保障老年群体权益的前提下，政府应当为老年群体的养老服务消费提供制度保障。

（1）不断提高养老金待遇水平。目前国家对于老年群体养老金的制度安排采用基本养老保险、企业年金与商业养老保险三支柱的方式，然而，当前老年群体过度依赖基本养老保险，也就是说，第二支柱的企业年金与第三

支柱的商业养老保险对老年群体的养老保险作用甚微,固然这两支柱是舶来品,与国家的国情、市场经济不发达高度相关,这也是养老服务产业举步维艰的重要原因。《中国养老金发展报告 2023》显示,中国第一支柱的养老金替代率为 46%,与国际惯例能够实现充分养老的 70%~80% 的养老金替代率还有不小的距离。

(2)整合现有的社会保险制度。与老年群体直接相关的社会保险制度是基本养老保险制度与基本医疗保险制度。其中,基本养老保险制度是发放基本养老金,用于老年群体的日常生活花费,而基本医疗保险制度是在就医时进行划拨。国家高度重视医养结合,发布一系列政策支持老年群体的医养结合养老模式,然而两种制度的运行环境与模式迥异,增大了医养结合推进工作的难度。另外,目前国家正在试点的长期护理保险,也是老年群体呼声比较高的社会保险项目,在发达国家的实施情况是独立险种或并入医疗保险。无论我国采取哪种实施经验,对于社会保险制度的设计和社会保险基金的承受能力都是一种考验。那么,整合现有的社会保险制度,实现医养结合的制度衔接与融通才能更好地为老年群体提供高质量的养老服务。

因此,国家应当继续健全社会保障体系,确保社会保障基金的保值增值,提升保障水平。随着社会保障水平的提高,社会福利化程度加深,我国的养老服务产业市场才能焕发出生命力。

2. 加强养老服务的顶层制度设计

养老服务产业的发展要通过养老事业带动,从而实现养老事业与养老产业协同发展,政府的科学顶层设计就显得尤为重要。

(1)构建有助于养老服务产业发展的社会养老服务体系。社会养老服务体系是政府依据老年群体的养老意愿而对其晚年生活的场所、环境、服务内容与质量进行的一种制度安排。根据前文分析的"9073"养老格局,90%的老年人选择社区居家养老模式,仅有3%的老年人选择机构养老模式。因此,围绕着社区居家养老服务的开展,就需要广泛调动政府、市场、社会与家庭多元主体的参与积极性,依据老年群体的多类型多层次多样化的养老服务需求给予充分的响应,同时,也应对养老服务产业的壮大坚守各自的责任。

（2）出台有助于养老服务产业发展的法律法规。借鉴发达国家银发经济的先进经验，比如，日本出台的《老年人保健法》《介护保险法》等，为社会长期护理保险的顺利实施提供制度保障，同时也为养老服务产业的起飞奠定政策基础。我国也应尽快建立健全老年人健康保障的相关立法政策，明确老年人健康养老的规范与流程，为社会养老服务产业发展明确方向。同时，政府要继续发挥引导和支持作用。不能不作为，更不能乱作为，避免出现"不管就乱，一管就死"的现象。各地政府应当结合所在地区的实际情况进行施策，对所在地区的养老资源、潜在市场等情况做到心中有数。在养老服务产业的起步阶段可以利用专业的团队对其发展进行规划，明确其产品定位，合理配置资源，实现良性发展。另外，政府还要设立完备的监管体系。从事前、事中、事后进行全方位规制，尽管我国针对社会办养老机构已经降低了准入门槛，但这不意味着不合规的企业也能进驻。建议成立"黑名单制度"，经营单位在进入养老服务领域之后，要接受事中、事后的监管。一旦发现没有规范运营，责令整改并记录在案。政府还应完善绩效评价体系，对养老服务产业的发展情况进行审核评价，对经营不善的企业要及时分析问题。如确实无法继续经营，应当建立相应的退出机制，尽可能地降低风险，减少各方损失。

（二）强化政府对养老事业的兜底作用

政府作为社会养老服务的责任主体，要承担起为老年群体提供基本养老服务这一公共产品的责任。

1. 有力保障老年群体的基本权益

老年群体在退出劳动力市场之后，其生活来源主要依靠储蓄、养老金及其子女的供养。根据前文分析可知，中国的老年人非常依赖政府，通过社会保险制度获得的基本养老金不到退休前工资收入的一半，对于退休前有固定工作的老年群体来说，晚年的基本生活是可以保障的，但是对于退休前没有固定工作，平时也没有储蓄，没有子女或子女无法供养的老年群体，晚年生活就会陷入困苦。政府就需要对这部分无法依靠自身和家庭来获得保障的老年群体承担兜底责任，通过制度安排来有力保障贫困低收入老年群体的基本权益。

2. 夯实养老事业带动养老产业协同发展

养老事业是撬动养老产业发展的杠杆。具有社会公益属性的养老事业,由政府出资为老年群体的生活照料、医疗护理、精神慰藉等服务来买单,政府购买方式有利于养老服务市场的形成与壮大,也有利于培育非营利养老机构这一社会组织的成长,同时也链接了政府与社会组织之间的合作方式,有助于养老服务规范、评估细则、专业人才培养与认定等与养老服务行业规范与标准的形成。政府购买方式不仅吸引社会力量进入公益性养老服务的提供中,而且吸引市场力量进入养老领域,为养老服务产业发展积蓄经验与能量。政府通过养老事业的发展经验,能够发挥事业引导产业的良性态势。同时,养老事业在养老服务行业的标准和规范上的要求,也能够为养老服务产业提供借鉴;养老服务事业的蓬勃发展,具有很大的"溢出效应",在社会上形成了良好的氛围,产生了旺盛的养老服务需求,为养老服务产业的发展创造了积极的消费条件,进而继续开拓养老服务市场。

因此,强化政府兜底责任,首先要建立健全政府购买服务的管理机制,促进政府购买服务的流程化、规范化。并要在社会弘扬尊老、孝老、敬老的氛围。其次要加快完善长期护理保障制度,让低收入老人、失能失智残疾老人、特困老人能够获得保障支持。最后要在实际过程中,突出养老机构的专业化优势,对失能失智老人进行长期照护,提高护理型床位的比例。根据前文的分析,河南省的低收入老年人对日间照料、助餐助浴助洁、无障碍改造、紧急求助、健康咨询指导等养老服务较为迫切,可列入基本养老服务清单,由政府兜底承担。中等收入老年人对法律援助、康复辅助器具租赁、助餐助浴助洁、健康监测、健康咨询指导、紧急求助等服务较为迫切,可列入普惠养老服务清单,由政府补贴市场组织(营利性组织或非营利性组织),由其以普惠价格提供给老年人。

(三)发挥政府对养老服务产业发展的引导作用

党的十九届五中全会提出,要推进有效市场和有为政府更好结合。政府需要对养老服务产业的发展发挥积极的引导作用。

1. 加强政府对养老服务产业在资金补贴方面的引导

首先,可通过税收优惠、财政补贴给予民办养老机构(市场组织)直接的资金补助;其次,可加强对民办养老机构的床位补贴、建设补贴力度;最后,要对高端养老服务产业的资金使用状况进行有效治理,在吸引优质资金、盘活资金链的同时,也要注重防范化解金融财政风险。

2. 加大政府对智慧养老服务平台建设方面的引导

首先,在智慧养老的平台建设层面需要提供资金和政策的优惠,尤其在智慧养老服务平台初始运行的阶段,政府需要对其运行成本和运行环境进行科学评估,必要时可采取政府购买的方式助力市场主体建设智慧养老服务平台。其次,在智慧养老服务平台进行服务供给过程中,政府要加大对服务过程的监管,同时针对智慧养老平台所需调用的消费者信息,要采用相应的技术手段做好信息保护。

3. 加强政府对专业人才的培育引导作用

首先,政府需要定期邀请专家对养老机构中急缺的专业护理人员进行培训,并对培训合格的工作人员颁发职业资格认定。其次,政府还应加强职业技术院校、高等院校、研究所等教育机构与养老服务机构的合作,实现产学研教一体,为养老服务产业的发展提供稳定可持续的人才与智力支撑。最后,政府还应在社会进行正确的价值观引导,稳步提升养老服务产业专业工作人员的薪资待遇,增强养老服务产业对求职者的吸引力。

二、形成社区在社会养老服务多元治理中的信息 管理作用

(一)提升社区组织在社会养老服务过程中的自治能力

社区是基层治理的基本单元,老龄社会背景下基层治理现代化就要求社区组织能够高质量地为老年群体提供生活保障服务。

1. 倡导积极老龄化观念营造敬老孝老环境

随着人口老龄化的日益加深,老年群体愈加庞大,在社区营造敬老孝老的生活环境有利于居家养老服务的顺利开展,同时,积极倡导老年人参与社区活动,有利于互助养老,实现老有所为,老有所乐。

2. 设立专门的养老服务信息平台

随着老年人不断增多,社区组织应明确基层工作定位并明确自身在养

老服务社会化过程中的权责,发挥出其作为连接政府、社会养老机构和老年群体的纽带作用,建立合理的信息收集平台,动态把握好辖区范围老年群体的服务需求,统筹管理好老年群体的养老服务信息,根据需要反馈给相应的养老服务治理主体。

3. 孵化专业的社区居家养老服务组织

在完成政府相关部门交付的养老事业兜底工作时,要按照市场化、公益性原则,合理使用政府投入的资金,培育专业的社区居家养老服务组织,壮大社区工作人员的队伍。依据前文分析,目前社区工作人员年龄偏大的较多,这些社区工作人员在辅助管理老年群体的工作上有经验优势,不能一辞了之,应当发挥他们的"余热",利用其宝贵的工作经验,采用传、帮、带的方式对社区工作人员进行培训。

4. 成立社区照顾的自治组织

为营造敬老孝老的社会环境,发挥老龄社会的社会支持作用,首先,可以在老人较为集中的社区建立类似"时间银行"的互助组织系统,为在"助餐、助洁、助浴"等方面有需求服务的老人提供上门服务。其次,可建立社区互助小组,将有相同或类似问题的老年人组织起来,组织成员分享交流会,增强互助意识,培育积极的生活信念。总之,社区组织不能只是政令的执行者,也应该是参与者和建议者。政府也应充分鼓励和支持社会组织发挥效能,从而建立适宜的自治和共治关系。

(二)建立实现精准养老服务的智慧养老平台

精准的智慧养老服务平台应当包含如下特征:首先要保证在养老服务信息收集上的精准,其次是在养老服务提供上的精准,最后包括在服务评价反馈上的精准。

1. 整合养老资源

智慧养老服务平台是所有养老资源的处理中枢,主要作用是连接其他资源主体并进行任务的信息交换。建立实现精准养老服务的智慧养老平台,首要的就是整合养老资源,搭建资源整合平台,将所有与养老服务供需相关的主体及其所携带养老资源链接到一起,形成养老服务供给流程,分解各相关主体的任务目标与内容,确定社会养老服务多元主体的职责与责任边界。

2. 运用数字技术

"互联网+养老"代表了社会养老服务供给方式的未来趋势,其借助互联网、物联网等技术快速获取信息,及时得到响应,可以大大降低养老服务供给成本,提高养老服务供给的效率与效益。比如,老年人可以在 app 等智能终端提交养老服务需求,智慧养老服务平台接收到需求信息后,迅速匹配相应的服务供给方提供上门服务。考虑到信息安全的问题,可以运用区块链技术等技术手段实现社会养老服务多元主体的合作信任,有效达到协同目的。

3. 创设应用环境

智慧养老服务平台的使用者是老年人。然而,对于老年人来讲,应用智慧技术是新生事物,随着老年人生理心理机能逐渐退化,利用智慧技术来获取养老服务是一项不尽如人意的事情,为了避免使用障碍,老年人会选择不使用或少使用,这就与建设智慧养老服务平台的初衷悖逆。因此,考虑到老年人的接受能力,智慧养老服务平台的应用界面应当更加适老化、人性化,友好的人机交互使用方式和应用环境可以大大提高智慧养老服务平台的效率。

(三)培育社会化养老观念并优化养老服务的供给方向

2016 年,中共中央、国务院印发《"健康中国 2030"规划纲要》,2019 年,国务院成立健康中国行动推进委员会,统筹推进《健康中国行动(2019—2030 年)》。在国家政策导向下,健康与经济社会协调发展的理念是推进养老服务工作重要指导思想。

1. 加强老年群体的健康养老宣传

作为与老年群体联系最紧密的基层社区组织,应当在辖区范围内积极地向老年人进行养老健康教育,专业化的市场组织也应主动向老年人宣传健康产品。通过加强社会化养老的宣传,使得老龄群体形成社会化养老的观念。同时,引导老年人消费理念的转变,激发老年人的消费需求。倡导并鼓励老年群体追求高质量的晚年生活,不仅是追求生理上的健康,更要实现精神上的丰富和愉悦。

2. 明确老年群体的消费意愿与消费偏好

养老服务产业的长足发展依赖养老服务市场的活跃程度,养老服务是否符合老年群体的消费意愿和消费偏好,决定了市场主体的服务供给方向。市场组织(营利性养老机构与非营利性养老机构)要充分调研老年群体的消费需求、内容、强度,以及收入情况,明确老年人真正需要的养老服务内容是什么,能接受的服务形式是什么。只有确保服务供给方向的精准,服务才能够获得老年人的肯定。经过前文的实际调研,河南省不同收入情况老年群体的服务需求项目有所不同,低收入贫困的老年群体最迫切需要助餐助洁等基本养老服务,中等收入的老年群体最迫切的养老服务是法律援助、康复指导、上门维修等服务,其次是健康指导与文化娱乐等服务,市场组织围绕社区逐渐形成利于老年群体的生活便利圈。高收入的老年群体最迫切康复指导、上门维修、健康监测等服务,最后是文化娱乐与日间照料等服务,大型养老集团可以在社区布局健康指导、康复护理、日常维修等加盟连锁店,方便个性化养老服务供给以满足老年人的居家服务要求。

三、提升市场在社会养老服务多元治理中的供给能力

养老服务产业是综合性服务产业,经过多年的发展,我国的养老服务产业体系已经覆盖到除第一产业外的,第二产业与第三产业。比如一些养老用品、健身器材、医疗仪器在近些年来都有一定的市场规模。随着"互联网+养老"技术的逐渐成熟,智能养老穿戴设备也得到了突飞猛进的发展。随着人口老龄化程度的加深,养老服务需求是只增不减,这对养老服务产业的发展形成有力的推动。因此,要积极提高市场对养老服务群体的供给水平,提升市场在养老服务治理中的供给能力。

(一)厘清产业定位并完善养老服务产业链

养老服务产业的服务对象和市场环境决定了其是投资大、盈利慢的产业。在养老服务产业的投资初期,几乎不会为投资者带来理想的回报。因此,在对养老服务产业进行布局时,要充分了解老年群体的消费意愿与偏

好,明确低端、中端、高端多层次市场的定位,进而对不同层次市场的产业链进行相应的资源配置。

1.健全健康养老服务运营管理系统

充分运用互联网经济的优势,借助成熟的互联网企业建立健全养老服务运营管理系统。首先,通过统一的信息服务共享平台,养老服务的供给方能够较为高效地获得最为直观的数据。在打破原有养老模式的孤立与分割局面之后,重新制定三大传统养老模式的服务标准和管理模式,进而能够有效整合各方资源,关联各个行业,开发出新的养老服务需求。如针对老年人的餐饮、住宿、旅游、精神等方面的需要,能够通过数据的分析与研判,盘活现有市场,激活潜在市场。其次,借助 5G 信息技术、互联网平台建设,能够为养老服务产业赋能。进入智能化时代,通过在智能终端上使用 app,或利用微信等网络通信平台设计相关养老服务小程序,降低信息共享的成本,实现信息的流动与互通,在养老服务的需求方和供给方之间搭了一座畅通的"桥"。这些大量的数字信息,不仅从横向、纵向上延伸了相关的养老服务产业链,更有益于形成"四通八达"的养老服务产业网,使现存的养老市场更加细分和完备,满足老年人日益增长的养老服务需求。

2.深化与金融行业的合作

任何产业的发展都离不开资本的支持。养老服务产业要加强与金融行业的合作程度,以获得稳定的资金支持,鼓励发展养老服务产业新业态。目前,养老服务产业仍处于起步发展阶段,最为突出的问题就是资金短缺。一旦资金链断裂,产业推进步伐将会减缓,甚至会倒退,不仅损害消费者利益,而且会造成资源浪费。加强并深化与金融行业的合作,才能让金融机构顺利地为养老服务产业提供融资服务,比如,可借鉴房地产信托投资基金的模式,成立相关的投资项目,实现分担投资者风险,盘活养老服务市场的目的。特别是对大多数老年人提供产品的平价(普惠)养老服务的市场组织提供信贷服务,比如成立养老服务的专项贷款,缓解其资金窘境的状况。同时,也要大力发展商业保险市场,坚持低风险、稳收益的原则,为老年人个体提供可靠合适的养老金融和保险产品。

（二）鼓励多方参与培养养老服务专业人才

人才兴，则产业兴。没有专业人才的支撑，产业的发展注定是没有生命力的。

1. 形成筛选具有养老服务职业素养的人才选拔机制

通过前文的实地调研，可以发现高口碑养老服务机构的经营者无一例外都具有很高的职业素养，对本职工作非常热爱，对老年群体非常有爱心有耐心，可以说有着很强的责任心与使命感，赢得了老年人的信任和喜欢，这类养老服务机构床位率普遍很高，经营情况良好。政府应当对经营养老服务机构的所有者设置职业门槛，通过考核认定等手段将具有养老服务职业素养的人才选拔到养老领域，把那些唯利是图、想着挣快钱的人淘汰掉，这样才有助于养老服务产业的长久发展。

2. 形成养老服务产学研教一体化的人才培养机制

正如前文所述，养老服务产业是综合性产业，涉及多种行业，但又是专业化程度很高的产业。对于养老服务产业中最关键的生产要素之一——劳动力的培养，就必须要符合市场需求。在市场导向下，联合政府、养老企业、高等学校、职业院校、科研院所等单位，针对养老服务行业的职业特点，形成产学研教结合的模式。政府以及工作单位也要定期出资开展培训学习，如针对养老护理员医疗护理方面的操作，可邀请康复护理的专家进行授课学习。针对智慧养老平台的管理，可派专人去有经验的城市调研学习，要确保养老服务人才顺应社会发展的需要，能够与时俱进。

3. 形成养老服务专业化的人才资格认定机制

养老服务产业涉及多个行业，既有跨学科的特征又有专业化的特点。要细分养老服务管理人才与服务人才的资格认定条件，由政府颁发相应的职业资格认定证书，提升人才的专业化含金量。同时，为更好地发挥专业人才的效用，留得住人才，首先要做好职业道路规划，提供有效的晋升渠道和广阔的发展平台。其次要尽可能保证薪酬待遇符合预期，最好能够建立相应的激励机制。最后政府与企业要努力改变社会对于养老服务从业者的刻板观念，使养老服务从业人员能够在工作中获得尊重，感到愉悦。

（三）建立多层次的养老服务市场实现多元化的养老服务供给

由于养老服务存在明显的代际外部性,仅仅依靠老年人及其家属进行供养是难以填补我国巨大的养老服务需求缺口的。由于老年人的收入情况与身体状况差异很大,消费意愿强烈,但是消费能力不足,因此,应根据目标老年群体的养老服务需求,建立多层次养老服务市场。

1. 坚持发展福利养老服务市场

福利养老服务市场提供的是基本养老服务,其特点是公益福利性。基本养老服务是由政府为低收入贫困老年群体以政府购买的方式提供的,其中政府负责资金,市场主体负责生产服务并服务于老年人。由于服务产品是公益福利的,因此,市场主体是非营利性组织,也就是民办非企业的养老服务机构。根据前文分析,政府在福利养老服务市场的资金责任主要体现在老年群体的服务补贴与非营利性养老服务机构的建设补贴。2023 年,《国家基本养老服务清单》中针对特殊老年群体的基本养老服务项目得到确认,在明确基本养老服务项目的服务标准与规范的基础上,不断加大各级财政的补贴力度,从而使得符合条件的老年人能够应保尽保。在非营利性养老服务机构的建设补贴上,政府应当以更加灵活的方式提升"公办民营"与"民办公助"的补贴效率。

2. 培育发展平价养老服务市场

平价养老服务市场提供的是普惠养老服务,具有微利或薄利的特点。这类养老服务面向的是大多数老年群体,提供服务的市场主体是营利性组织和非营利性组织。两者只有是充分的竞争关系,才能使得消费者获益,也才能维持微利的市场特点。因此,政府在培育发展平价养老服务市场时,首先是营造公平竞争的市场环境,可以从规范养老服务产品标准化和严格市场监督入手:一是通过统一养老服务的产品标准,来增加养老服务市场的竞争程度;二是通过市场监督,维持公平竞争的市场环境。其次是给予市场主体合理的资金补贴或税收优惠,可以通过降低市场主体的运营成本来实现其微利的利润空间。

3. 合理发展个性化养老服务市场

个性化养老服务市场提供的是高价格高质量的养老服务,具有高利润的特征。这类服务只有少数老年群体才会选择消费,其供给主体是营利性养老机构。从前文的调研分析来看,这类营利性养老机构大多是财力雄厚、拥有较大投资量的市场主体。比如,养老+地产、养老+文化旅游、养老+养生健康等特色养老项目。考虑到养老服务产业投资期长、收益回收期慢,为保障高收入老年群体的权益,政府对这类养老项目的发展要严格控制与引导。

第二节　完善政府引导的社会养老服务政策支撑

根据第三章的实证分析结果,完善社会养老服务政策体系从政策工具均衡、补齐政策短板两方面展开论述。

一、注重政策工具均衡

政策工具是政府为达到一定的政策目标而采取的手段或措施。依照施策的对象,政策工具分为供给型、环境型与需求型三种类型。根据第三章的政策工具分析,河南省的养老服务工作推行全面考虑了三种政策工具的实施效果,供给型、环境型、需求型的政策工具分别占 32.62%、49.19%、18.19%。其中,环境型政策工具最多,供给型政策工具次之,需求型政策工具最少。从达成以医养结合为特征的高质量养老服务体系的目标来看,政策工具的使用存在不均衡现象。供给型政策工具中医养结合、人才培养、资金投入与信息技术占比超过一半,环境型政策工具中策略措施、监管督查、标准设计占比大部分,需求型政策工具中社会参与、老人帮扶、政府购买占比超半数。不仅整体政策的综合构成不均衡,而且每种政策工具的构成也不均衡。

(一)完善供给型工具内部结构均衡

供给型政策工具是政府明确养老服务体系发展方向的政策举措,主要有用地保障、医养结合、资金投入、人才培养、信息技术、示范工程、公共卫生。从供给型政策工具的关键词的属性来看,河南省政府正大力推进以智慧养老服务平台为主的、向老年群体提供医养结合服务类型的养老工作,注重健康理念的推广,倡导老年群体健康养老。

依据第三章表3-12,供给型政策工具的内容结构呈现出医养结合(26.29%)、人才培养(24.04%)、信息技术(16.85%)、资金投入(16.4%)四种政策工具占比达80%以上,示范工程、公共卫生和土地供给的占比相对较少。从政策效果看,多种政策工具组合才能发挥更好的作用,比如,医养结合示范工程的遴选与嘉奖能够加快医养结合养老服务模式的学习与推广,做好养老服务工作的用地保障,才能推进智慧养老服务平台的落地,社区日间照料中心工作的开展,以及大型医养结合养老机构的建设与运行。

(二)注重环境型政策工具的针对性

环境型政策工具是对政策目标起间接促进作用,旨在净化现有营商环境或营造良好营商环境的政策举措,在河南省养老服务政策中主要使用的有协同治理、策略措施、金融支持、税收优惠、法规管制、标准设计、市场运作。从使用频率上,策略措施使用最多,占比达35.67%,标准设计(21.49%)、法规管制(16.72%)次之,市场运作(10.15%)、金融支持(9.1%)、协同治理(3.58%)、税收优惠(3.28%)最少。从政策效果看,环境型政策工具重监督监管,轻引导激励。

河南省养老服务相关部门将工作重点放在宏观指导策略上,显然对切实解决全省的养老服务问题无法起到关键作用。在本书选取的政策样本中,多条政策文本在目标规划、指导原则方面的内容基本相似,这表明策略措施等宏观层面的政策工具过多且发挥的作用十分有限。这也说明相关部门缺乏具体的、可操作性的实施细则,导致现有政策文本存在可操作性较弱的问题,缺少实际应用层面的政策工具,尤其是缺乏金融支持、税收优惠等具有激励效果的政策工具,在今后的政策制定中要积极对符合条件的民办养老机构实行各项相关税收优惠政策,对有条件的企业提供开展养老服务工作的金融支持,以此释放养老服务市场活力。标准设计、法规管制的使用频率仅次于策略性措施,这两种政策工具在一定程度上或许能够有效引导养老服务协调发展,形成良好的市场秩序,但是如果管制措施不灵活可能会将其带来的正面效应转化为负面影响。总之,政策的制定要有针对性、具体性,才能保证政策内容真正落地实行。

(三)加强需求型政策工具的运用

需求型政策工具是通过改变市场需求条件来达到政策目的的政策手段,在河南省养老服务政策中主要使用宣传教育、提供补贴、社会参与、刺激消费、互助养老、海外交流、政府购买。在使用频率上,社会参与最多,占比达35.97%,提供补贴(26.48%)、政府购买(13.44%)次之,互助养老(8.7%)、海外交流(8.3%)、宣传教育(5.93%)、刺激消费(1.19%)最少。从政策效果看,需求型政策工具重在通过社会多元主体的广泛参与养老服务供给来应对老年群体的服务需求,忽视通过政策措施来激发老年群体内在的消费意愿。

通过前文对河南省养老服务政策工具的分析,发现需求型政策工具所占比重仅有18.5%,存在严重缺失。需求型政策工具是通过刺激消费、政府购买等外部手段增加整个社会的养老服务需求,从而促进养老服务产业加速发展,相较于供给型和环境型政策来说,需求型政策工具起到的作用效果更为直接。政府通过购买养老服务,能够满足老年群体的个性化养老服务需求,同时能够降低政府在财力、物力方面投入的压力;刺激消费能够为老年群体提供个性化、多样化的养老服务,同时会给予养老群体享受养老服务的优惠措施,减轻老年群体在购买养老服务时的财务压力,实现供给侧和需求侧的均衡发展。但在实际过程中,河南省政府在政策制定时对这几方面发挥的作用有所忽略,导致养老服务政策在实施过程中未能充分发挥需求型政策工具的价值,对养老服务产业发展的直接有效拉动力就会减弱,政策在整体上也未能充分发挥促进河南省养老服务发展的作用。

上述政策工具失衡的原因,可能与政策工具本身的特性有关。每一种政策工具都有其局限性与可行性,需要匹配不同的条件,这对政策工具选择具有重要的影响。供给型政策工具对养老服务发展具有较为直接的推动作用,相较于环境型政策来说它具有一定的操作性和针对性,在人口老龄化进程不断加快的背景下,需要加强养老服务供给,这与政府部门对推动养老服务发展的实际需求高度契合,因此供给型政策工具被用作政府推动养老服务发展的常用工具之一。目前,河南省的养老服务发展处于稳定发展阶段,政府不再需要对养老服务提供全方位供给,需要引导家庭、社会、市场等多元主体参与进来,构建完善的养老服务发展体系。因此,在此阶段对环境型的政策工具使用较为广泛。需求型政策工具作用的发挥依赖成熟的养老服务发展市场,但现实情况是我国的养老服务市场建设在整体上还不够完善,市场需求不足,在一定程度上影响到需求型政策工具作用的发挥,导致需求型政策工具运用频次较低。

二、补齐养老服务产业发展的政策短板

(一)加强政策的可操作性

1.增加实施类政策

前文已经对各类政策子工具的分布情况进行了分析,在本书的养老服务政策样本研究中,规定策略措施是指宏观制度设计,其作用是间接地引导和规范养老服务的发展方向。根据前文分析可知,政策文本中涉及策略性措施的编码共146项,占环境型政策工具的35.67%,具体的实施类政策占比较少。实施类政策以指导具体的工作为目的,操作方法和目的性较强,能够更好地推动落实各项养老服务政策工作。经过上述分析得知,河南省注重从宏观层面对养老服务的发展做出战略部署,对各项工作的指导思想、发展目标、指导原则进行了明确的规划,但是在该方面如何具体操作就缺少了相关规定,导致很多政策只停留在表面,无法进一步推进和落实。比如,有关养老服务的金融支持和税收优惠的政策仅占环境型政策工具数量的9.1%和3.28%,虽然大部分养老政策文本中对金融支持、税收优惠都有所提及,但是没有形成统一的支持机制,导致这两个政策子工具难以发挥其该有的作用,操作性受到了一定制约。另一方面,河南省的养老服务政策制定偏好于资金投入、专业人才培养、基础设施的标准化设计等传统型政策工具,而海外交流、政府购买这类的政策措施投入不足。

2.明确政策实施重点

环境型政策工具中的策略措施占据三分之一比重,但是却没有进一步的措施内容,导致政策难以落地。究其原因,首先,根据前文统计,河南省养老服务政策关于目标规划的政策条款数量较多,过多的目标规划导致政策

在实施的过程中缺乏重点目标,较为松散,最终会影响政策主体的执行力和政策的可操作性。其次,养老服务政策发展目标、指导原则不具体,在大部分政策文本中均提出要坚持政府主导、突出重点、改革创新等基本原则,政策目标也较为宏观,缺乏一定的指导性。一个明确、具体和科学的政策措施是实现政策目标的重要前提,因此政策目标和指导原则的制定要结合河南省的人口老龄化现状和老年群体的实际服务需求进行不断调整。

(二)加强政策发文主体间的协同

由于养老服务供给涉及民政部、财政部、自然资源部、国家卫生健康委、工业和信息化部等多个政府部门,不可避免地,在出台养老服务政策时会有联合发文的情况。第三章的河南省养老服务政策发文主体的分析结果显示,河南省的养老服务政策发文主体呈现出了较为集中的态势,河南省政府办公厅单独的发文数量高达 54 项,其次是民政厅,导致在养老服务政策执行过程中民政厅的主导地位并没有充分体现。另一方面,各部门联合发文的政策数量较少,统计显示有 87.5% 的政策由某个部门单独发布,联合发文数量仅有 11 份,在本书 87 份河南省养老服务政策中仅占比 12.64%,单独发文数量要远远多于多部门联合发文。

在养老服务政策的实施行动方案中常常提及协同治理。协同治理在本书指的是养老服务相关主体、相关部门之间协商对话、相互合作,形成以政府为主导、多元主体共同参与的格局,能够优化养老服务治理资源、创新养老服务治理体制。然而针对河南省各地市政策样本中的环境型政策工具分析的协同治理子工具,统计结果显示仅有 24 项编码涉及部门间协同治理,仅占环境型政策工具总量的 3.58%。因此,从政策发文主体合作网络结构来看,河南省养老服务政策主体间的协调合作严重不足。究其原因,可以归结为:缺乏高效的养老服务体系建设管理体制机制,养老服务体系建设是一项量大、面宽的社会性系统性工程,涉及民政部、自然资源部、财政部、住房城乡建设部等诸多部门,专业化分工导致各部门的工作目标存在差异,虽然分工的专业化在一定程度上能够有效提高工作效率,但当养老服务发展的整体目标划分到各个主体时,就会因为侧重点不同而导致相互协作的可能性降低,最终呈现养老服务在运行过程中管理缺乏手段、协调缺乏效力、监督缺乏力度。故而,在今后制定政策时要权责分明,形成合力。

(三)继续加大政策力度

通过前文分析结果显示,河南省养老服务政策力度平均得分为3.223分,有53.72%的政策文件力度在4分以上,政策文件类型以河南省人民政府颁布的意见、方案和通知为主。然而,仅有12.64%的政策文件为多部门联合发文,政策工具的使用也以指导性、宏观层面的条款居多,涉及多部门之间分工协作的政策较少,因此多部门间协同支撑政策文件实施的局面尚未形成。要确保既定目标的实现,确需掌握不同资源的部门之间分工协作。总体而言,河南省现有的养老服务相关政策文件呈现出非立法文件较多、多部门联合文件和针对性文件较少的特点,政策力度在整体上有待提高。

第三节　提升市场主导的社会养老服务多元供给

一、完善养老服务产业链促进养老服务产业生态群形成

(一)打造养老服务产业生态

1. 延伸养老服务产业链

完整的产业链是养老服务产业化的发展方向,养老服务产业链以养老服务为核心,涵盖居家养老、社区养老、机构养老;以养老支柱产业和辐射产业为产业链主体,包括医疗康复产业、老年旅游产业、护理保健、食品用品等;以上游产业为支持,包括老年保健品、药品、辅助器械等;以下游产业为末端,包括养老地产、养老金融等附加经济价值较高的产业,这些行业紧密关联、相互合作,提升养老服务供给的效率和质量,最终形成一个完整的养老服务产业链。

2. 形成养老服务产业生态群

围绕养老服务产业链,以产业链上的主体企业及相关产业的老年群体

的真实需求为基础,根据老年人的身体状况、消费水平及需求层次,借助科技手段对养老服务产品进行品类开发、成本控制、质量提升,同时积极进行创新,包括产业的协同创新,即实现区域间、部门间、行业间及产业链之间的协同,以及产业的融合创新,培育养老服务产业新业态。例如,养老与旅游的融合,扩展旅居养老、老年休闲文化产业等;养老与金融的融合,推出养老金融、老年保险等产品。通过协同创新与融合创新,实现产业链的优化升级,在实现盈利的同时使老年群体根据自己的消费习惯和偏好选择不同组合的产品和服务,满足多层次养老服务需求,进而提升产业经济效益,打造完整的养老服务产业链,形成养老服务产业生态群。

(二)案例分析:泰康之家

以我国高端养老服务社区泰康之家为例,其首创的"保险+医养"的养老服务模式,将社区养老与医养产业、商业保险高度结合,使养老服务向城市护理型养老机构和社区居家养老服务延伸,在优化产业布局的同时丰富了养老服务内容、延伸了养老服务产业链并实现了经济效益。

1. 养老理念

在养老服务理念上,泰康之家以高端养老服务为发展定位,充分利用人工智能、互联网、远程医疗等科技手段,搭建养老服务社区全方位综合服务管理平台,为社区老年人提供高端医疗服务,根据老年人不同的身体状况和需求类型,为其制定不同的居住方案和护理服务,针对老年人特点和需求而特别设计休闲娱乐设施,如阅读室、美容室、健身房、棋牌室、电子高尔夫球厅等,满足了老年人高品质、个性化、多样化的养老需求。

2. 养老金融

泰康之家首创的保险金融服务模式,使老年人根据自身情况,通过购买保险产品或交付入门押金及月度服务费两种方式入住泰康养老社区,既满足了老年人养老医疗需求,也帮助其解决养老资金投资理财问题,实现养老、理财共同发展;同时根据实际需求,为老年人打造全生命周期的养老、医疗和保险服务,满足老年人未来高端养老服务需求。

3. 养老品质

泰康之家积极申请社区内康复医院为医保定点医院,实现了商业保险和社会保险的结合,在满足社区老年人实际需求的同时简化了就诊费用报销流程;同时泰康之家积极争取国家的各种优惠补贴,各地的泰康之家养老社区以其标准化、规范化、品质化的建设,先后被评定为"五星级养老机构",这一举措将国家资源和私人资本有机结合,降低了企业经营成本和风险,在促进自身发展的同时扩大了企业社会影响力。

泰康之家通过将养老机构与医疗和保险产业有机结合,在促进医养服务和保险产品发展的同时带动老年休闲、娱乐等相关产业的发展,有效连接了养老服务上下游产业,促进养老地产、健康医疗、护理保健、老年用品、养老金融、商业保险、人工智能等各个产业之间充分交流协作,共同为提升养老服务质量努力,以建成高端医养结合养老服务社区,既拓展了公司的业务内容、实现了经济效益,又树立了品牌,是养老服务商业模式创新的良好典范。

二、制定行业标准促进养老服务规范化与多样化

养老服务领域的标准化建设能促进养老服务产业规范有序发展。国家和地方政府层面要加强顶层设计,建立健全养老服务行业标准体系,并积极推动试点建设工作,总结实践经验并进行推广,推动行业标准的建立与贯彻执行。

(一)养老服务行业标准建设内容

养老服务行业标准构建重点在五个方面:市场准入制度、服务质量标准、价格标准、评估指标体系、人才队伍建设标准。

(1)健全养老服务市场准入制度,建立公平规范的市场准入与退出制度,形成以政府主导、社会力量参与的多元化养老服务格局。

(2)建立严格的养老服务质量标准,养老服务质量要求涵盖到不同内容的养老服务,从衣食住行等基本生活需求至健康咨询、心理慰藉等精神需求都要形成统一的质量标准,以促进养老服务规范化、标准化发展。

(3)养老服务质量的提高需要有合理的价格标准做支撑,"有利可图"才能提升养老服务市场的吸引力,坚持市场自主定价以调动社会力量参与养老服务供给,同时相关部门要做好监管,依法严格规范各类养老服务企业的收费行为,对违法违规行为严格处理。

（4）完善养老服务评估指标体系,对养老服务对象即老年人进行评估以明确其需求,对养老服务供给方进行评估以提升其满足养老服务需求的能力,最终推动养老服务供给水平的提升。

（5）建立人才队伍建设标准,开展养老服务职业培训和资格认定,提高从业人员素质,通过标准化人才培养,建设养老服务复合型人才队伍,提升养老服务组织标准化建设能力。

（二）机构养老行业标准建设内容

养老机构是社会养老的关键一环,是养老服务市场标准建设的重点,完善机构养老行业标准对促进养老服务产业发展意义重大。

（1）鼓励民间资本投资兴办养老机构,降低民间资本进入养老服务市场的门槛,放宽准入原则,针对不同类型、不同发展阶段的养老机构采取不同的准入标准。例如,对于基层特别是农村基层养老机构,应立足实际,适当降低准入门槛;针对民间资本投资建设的养老机构按季度、年度进行审计与年检等,对于不合要求和标准的,相关监管机构可取消其登记和运营资格,责令其进行整改或退出养老服务市场。

（2）不同级别的营利性养老服务机构可以根据区位条件、规模设施、服务水平、综合绩效等确定不同水平的养老服务收费标准,通过对养老机构划分不同星级标准实行差别定价,同时明确养老服务基准价,允许养老机构在合理的价格区间内合理定价,适当拉开价格差距,给予老年人足够的市场选择空间。公办养老机构也可以参考民办养老机构的定价方法,逐步与市场接轨,兼顾效率与公平,实现机构的可持续发展。

（3）养老机构应建立科学的质量评估体系,完善评估标准,在服务需求端,根据老年人年龄、健康状况等对其进行分级评估,在服务供给端,对不同养老机构分类评估并加强对评估结果的监督、复核。具体要做到评估主体多元化、评估内容精细化、评估体系实用化,将老年人、政府、第三方机构、机构自身都纳为评估主体,根据养老机构类型,对硬件配备、环境卫生、服务内容和质量、服务时间、服务态度设计量化的指标作为评价标准,注重指标的实际可操作性,评价指标要考虑老年人的特征和实际需求,避免由于评价体系过于庞大和复杂而脱离实际,失去评价结果的应用价值。

（4）人才是养老机构提升服务质量的关键，在人才教育方面，开展标准化人才培养，高校可借鉴国外先进经验，制定养老服务人才培养方案，加强专业教育，完善课程和教材内容，同时注重理论与实际相结合，高校可以与养老机构开展校企合作，使学生掌握丰富的实际经验；在资格认定方面，要建立统一的行业标准，对养老服务人才进行严格的知识、能力等评估，持证上岗，以服务标准带动人才质量提升，满足养老服务需求和高标准。在养老服务机构人才选聘方面，规范招聘标准，从人才选聘到人才留用等方面可以参考企业的招聘模式，形成统一选拔标准和规范的选拔方案，同时制定科学的工作考核和激励标准，调动人员的工作积极性，通过持续的培训和继续学习，不断提升养老机构服务人员的专业和技能水平。

三、细分养老服务市场促进养老服务供给层次化

（一）促进形成多层次养老服务市场

养老服务供给层次化是指老年群体低、中、高三种养老服务需求都应有供给，低端养老服务主要满足老年人的基本、普遍的需求，主要由政府提供和定价，是完全非营利性质的兜底性养老服务和产品，具有普惠性，主要针对低收入或经济困难的老年群体，价格是其核心竞争力；高端养老服务针对中高收入老年群体，他们普遍受教育程度较高，消费能力较强，高端养老服务品质和价格较高，产品个性化、多样化，由市场提供和定价，完全围绕需求进行生产，其核心竞争力主要是"硬件和服务"；中端养老服务由政府和市场共同提供，是半营利性质的养老产品，在保留成本和盈余的基础上，实行差额定价，由政府补贴差额，供给内容覆盖面较广。同时，社会力量和民间资本能在小范围内整合社会福利资源，灵活开展各种养老服务，弥补政府和市场供给的不足，如此形成分工明确的多层次养老服务供给体系，保障低收入老年群体的基本养老服务需求，同时增加中高端养老服务的供给，给予老年群体足够的养老选择。

（二）社区居家养老服务供给层次化

对于社区居家养老，生活照料、医疗护理、精神慰藉和家政服务等是供给的主要内容，而年龄是划分不同层次需求的关键因素，一般来说，高龄老

人对生活照料、医疗护理等基本服务需求较多,且老年人普遍对公益性质的健康讲座、休闲娱乐等服务内容有大量需求。社区居家养老服务需求大部分属于中低端养老服务需求,价格弹性较低,政府在其中起着主导作用,不仅提供最基本的服务内容,而且引导着市场相关企业、社区和社会力量等对居家养老服务的供给,因此,可以基于年龄构建层次化的社区居家养老服务供给体系,在对老年人身体状况进行评估的基础上,精准计算各类养老服务的需求量并进行供给,为老年人提供精准的养老服务,实现社区养老资源利用率最大化。

(三)机构养老服务供给层次化

机构养老有足够的层次化供给空间。首先,公办养老机构功能定位特殊,承担着一部分公益性质养老服务的任务,因此,根据老年人的经济与身体状况确定合理的价格范围和服务内容,对经济困难的弱势群体给予适当优惠,实行差异化、有区别的公益性服务供给和普通服务供给。其次,营利性养老机构在明确自身市场定位的基础上,发展多层次、多模式、多形式的养老服务产业,满足低中高三种养老服务需求。低端养老机构普遍存在于城市社区周边,费用低,入住率高,服务水平较低,只提供基本养老服务,难以满足老年人全方位多层次的养老需求,但因其价格优势,往往是很多老年人的首选;中高端养老机构往往规模较大,服务内容丰富、种类多,质量有保障,但费用高,入住率较低,床位空置较多。对此,中高端养老机构应根据实际情况调整养老机构的供给结构,加强对各层次养老机构的管理,促进养老资源高效利用。目前养老服务市场中高端康复护理型养老机构需求大,因此可以借鉴国外先进经验,发展医养结合型中高端康复护理型养老机构,在养老服务供给内容方面可以根据年龄、性别、经济和身体状况等将老年人划分为不同类型,并针对性地为其设计不同种类的养老服务内容,在此过程中,政府可以综合运用土地、财政、投融资、人才等支持政策,引导各类主体参与机构养老服务的供给,提高质量和养老机构的可持续发展能力。

第四节　构建技术赋能的智慧养老服务
多元治理创新

一、构建多元主体协同的智慧养老服务平台

（一）强化平台设计理念：公益性与普惠性

1. 建立政府主导的智慧养老服务平台

以"互联网+养老服务"为特征的智慧养老服务平台将互联网、医疗物联网、大数据、移动支付等信息技术应用于养老领域，不仅让老年人享受科技发展的成果，而且要让广大的老年人都能享受普惠养老服务。就平台的辐射面而言，智慧养老服务平台的公益性属性不言而喻。从经济学理论来解释的话，平台提供的是公共服务，就应该由政府来实现，建立政府主导的智慧养老服务平台，将其纳入政府的电子政务系统，主要功能在于创设老年人养老服务智慧化的生态环境，提供养老的信息化服务，使之成为智慧城市建设的一部分。根据调研结果，年龄、文化程度、网络使用经验和对智慧养老服务平台的了解程度是影响老年人选择智慧养老服务的影响因素，因此，政府主导建立的智慧养老服务平台所提供的信息服务可以包括养老服务信息检索、平台使用宣讲等。同时，平台中嵌入不同养老服务主体的信息系统，有利于政府监管不同系统之间的数据交换以保障数据使用的安全性。

2. 树立智慧生活观念

互联网经济在短短几十年的时间内发展迅猛，技术革新日新月异，尤其在新冠疫情的防控下，它给日常生活学习带来极大便利的同时，也极大改变了传统交易方式。目前的老年人正处在"互联网+"这种智慧生活的萌发期，传统的生活习惯根深蒂固，复杂的智能技术难以掌握，使得他们在接受智慧养老服务时遭遇尴尬。积极地帮助老年人融入智慧社会，就需要创设智慧生活环境，树立智慧生活观念，通过多种媒介途径向老年人宣传智慧养

老服务平台的功能和作用,转换他们的思想观念,学会用智慧技术思维来思考问题和解决问题。另外,还需要积极地进行智慧技术的适老性改造。2020年11月,国务院办公厅印发的《关于切实解决老年人运用智能技术困难的实施方案》中提出,要在政策引导和全社会共同努力下,有效解决老年人在运用智能技术方面遇到的困难,让广大老年人更好地适应并融入智慧社会。只有让老年人理解智慧养老服务的必然性和可获得性,智慧养老服务平台服务老年人的功能才能实现。

3. 扩大智慧养老服务的老人基数和项目种类

目前智慧养老服务平台发展缓慢的最根本原因是选择智慧养老服务的老年人太少进而造成运营成本很高。根据平台经济学理论,平台的网络外部性是平台运营良好的基础,也就是说,只有加入平台的人数越多,平台所提供的服务价格才能越低,平台才能稳定地运转下去。因此,只有扩大智慧养老服务平台加入老年人的基数才能维持平台运转的稳定性,而扩大老年人基数就需要充分考虑所有类型老年人的养老服务需求,扩大智慧养老服务的项目种类。根据调研问卷结果,老年人的收入会显著影响其对养老服务的需求,因此,吸引老年人加入平台,扩大平台覆盖人数最好以免费的信息服务为主,比如,养老服务信息搜索、健康知识普及、健康服务课程宣讲等,而后再逐渐过渡到健康管理,再到生活照料和医疗服务这类收费项目。从平台老年人覆盖面的扩散速度判断,这不是一蹴而就的,而是一个老年人缓慢接受的过程,因此,智慧养老服务平台嵌入政府的电子政务系统,加大健康信息教育宣传,一方面可以保障服务的公益性和高质量,另一方面也可以增加老年人对平台服务的信任度,从而达到扩大平台老年人基数的目的。

(二)突出平台资源整合:集成性与系统性

1. 规范数据标准

当前养老服务产业发展刚起步,还没有形成养老服务的行业标准,缺乏产业内部的智慧养老服务标准,因此,需要先规范养老服务产业内部的产品标准,才能进行平台多主体养老服务的协同供给。为解决多元主体不同业务信息系统之间的数据不兼容问题,可以由政府出台数据传输、存储和交换标准,通过规范数据标准来实现不同系统间的数据共享。也可以通过密码技术实现数据交换和共享的权限及层级,有助于政府监管智慧养老服务平台的数据安全。

2.整合线下资源

政府主导的智慧养老服务平台是一级平台(图7-1),嵌入在政府的电子政务系统中,社会参与的智慧养老服务平台是二级平台,完全是社会力量运营的平台,运营方可以是平台开发企业,也可以是大型的养老机构(最好是医养结合养老机构),二级平台嵌入一级平台,二级平台的所有线上业务数据接受一级平台监管,两级平台对于养老数据有不同的使用权限。养老机构与医疗机构是智慧养老服务的供给方,同时也是线下实体的养老资源,通过智慧养老服务二级平台来对线下资源进行整合,按照老年人的养老需求进行资源调配和管理。社会组织(社区、志愿组织)和老年人是智慧养老服务平台的需求方,通过志愿服务或政策宣讲,营造智慧养老服务平台的应用环境,鼓励或帮助老年人接受或获得智慧养老服务。智慧养老服务二级平台的运营依赖于平台需求方与供给方的精准对接,供需匹配需要在平台上实现养老服务数据的采集、综合、分析、评估、决策等功能,因此,养老数据采集录入系统、整合共享系统、分析决策系统与养老业务管理调度系统的业务整合,有利于养老服务的可及性、透明性和高效性。

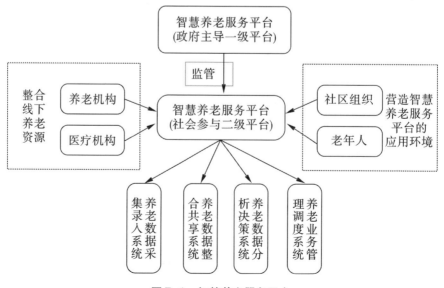

图7-1　智慧养老服务平台

二、厘清智慧养老服务供给中多元主体的协同机制

(一)明确平台顶层设计形成多元主体的协同驱动

1. 统一协同目标

管理活动中只有目标确定才能保证行动主体的行为一致性。由于智慧养老服务涉及的服务对象众多,需求内容多样复杂,多元供给主体各有不同的利益诉求,因此,统一智慧养老服务供给的协同目标才能更好地规范多元主体的协同动机。总体目标是智慧养老服务平台服务的公益性、普惠性和安全性。具体目标是政府作为行动者网络中的核心出台相关社会政策,为其他行动者指出利益实现方式,形成其他行动者实现目标的"强制通行点",激励并规范其他行动者参与提供公益性透明化的养老服务。多元主体的协同驱动才能有助于打破数据壁垒,有效激励并实现智慧养老服务的高效供给。

2. 理顺组织关系

智慧养老服务平台中的组织关系分为宏观和微观两种形态。根据行动者网络理论,政府在智慧养老服务平台的建设和运营中是核心行动者,政府需要动员其他行动者,因此,宏观的组织关系涉及政府与市场的关系,政府与社会的关系。首先,政府与市场的关系体现在政府引导养老服务产业发展,政府除了必要的激励养老服务产业发展的基础设施和公共服务之外,还需要相应的政策手段,比如,资金补贴、税收优惠、行政规制等。其次,政府与社会的关系体现在政府引导社会组织发展,政府采取政府购买等方式培育社会组织发展,扩大其影响力。

智慧养老服务平台的微观组织关系是具体业务流程的体现,智慧养老服务不同于传统养老服务,服务要素以信息技术所能识别的数据为标识,这就导致智慧养老服务平台上多元主体之间的关系需要通过数据形式进行重塑。首先,数据采集需通过老年人、政府部门、社区、养老机构、医疗机构等主体依据服务需求进行分类分层的收集;其次,数据描述根据服务需求的特点进行数据综合汇总;再次,数据关联根据服务需求进行服务不同参与主体的数据筛选和匹配;最后,数据服务根据服务需求类型进行不同供给主体的推送、跟踪、反馈和评价。

（二）整合行动流程形成多元主体的协同行动

1.规范业务流程标准

影响智慧养老服务平台多元主体协同能力的重要因素就是不同业务数据之间的不兼容问题，打通不同参与主体信息系统的数据交换环节需要定义统一的数据标准，实现不同养老服务数据融合。加快养老服务的行业标准制定，加快智慧养老服务的数据标准制定，规范不同养老服务之间转接的业务流程标准和数据共享标准，进而打造一个开放互联的养老服务数据共享生态。

2.合理价值分配

智慧养老服务平台的多元主体彼此独立又相互关联，既有利益共同点又有矛盾分歧，因此，在促进多元主体协同行动中必须重视多元主体之间的利益相关和价值分配。政府代表公共利益，企业代表私人利益，尽管智慧养老服务平台彰显公益普惠，但是养老机构、医疗机构等主要服务供给主体会更关注私人利益。因此，政府应对其他参与主体进行合理的利益赋予。对于平台的运营方采取公建民营的委托代理方式，或公助民营的资金补贴方式；对于养老机构和医疗机构采取资金补贴或税收优惠等方式；对于社会组织采取政府购买或资格评价或评级等方式；对于老年人要采取普惠服务方式，比如免费的健康教育、培训等。具体的利益赋予方式可以以制度安排的方式固定化，也可以依据情况进行调整。

（三）重视服务反馈形成多元主体的协同监督

1.优化协同监督空间

智慧养老服务的复杂性主要体现在参与主体多元化所带来的业务流程的复杂化，任何一个流程环节都有可能影响服务供给效率，因此，管理活动中的控制环节需要进行多元主体的反馈协同监督。一方面，政府要不断优化完善智慧养老服务的政策法律环境，比如养老服务规范性和养老服务机构的等级评价制度；另一方面，培育智慧养老服务市场的行业环境，比如加强智慧养老模式的宣传、协助成立智慧养老行业协会、统一智慧养老服务产品标准。

2.采用技术监督

智慧养老服务平台多元主体协同的关键在于合作机制的创建。传统的多主体合作机制可以通过谈判达到契约制度安排,然而,在智慧养老服务的供给中无法通过传统方式达成,但是可以运用信息技术来实现,比如区块链技术。区块链技术可以采用去中心化的分布式记账方案,在加密技术中采用哈希函数和非对称加密技术,在保护节点参与人的隐私信息之外,可以使参与人无需事先建立信任就能够直接交易,交易双方还可以在时间戳技术的保障下对交易信息进行验证和确认,从而保证交易双方的智能合约实现。因此,智慧养老服务平台的多主体合作环境和数据安全难题可通过区块链等信息技术解决。

三、加强多元主体协同的制度保障

(一)稳定资金保障投入制度

1.加大基础设施投入

智慧养老服务平台的数据大多通过大数据形式进行采集,因此,需要政府进行大数据采集的基础设施投入。比如调研中所反映的智慧养老服务多是居家养老服务,需要养老服务人员进行上门服务,服务质量过程的跟踪和控制是需要基础设施的铺设,这些数据的验证是非常必要的,并且可以有效减少服务供给中的交易双方冲突情况,达到防范风险的目的。

2.稳定智慧养老服务企业运营的补贴投入

智慧养老服务平台普惠理念的实现需要政府对养老机构进行补贴,尤其是在养老服务产业的发展初期,平均成本较高,既要激励社会力量参与养老服务生产,又要使老年人的养老服务物美价廉,这中间的差价就需要政府进行补贴,其实也是政府引导养老服务产业发展的重要方向,因此,政府应该稳定智慧养老服务企业的运营补贴投入,避免资金投入的非连续性。运营补贴主要分为两种形式,一种是政府采用政府购买方式为部分老人购买智慧养老服务,另一种是政府直接对智慧养老服务企业进行补贴,可以通过以奖代补的方式进行。

（二）激励组织协调制度

1. 加强社会组织参与激励

智慧养老服务平台普惠体现的另一个方面就是志愿服务。在调研中，基层社区的养老服务人员年龄偏大，专业化程度不高，收入较低，但是从访谈情况来看，他们对于养老工作还是比较认同的，并且有动力报考社会工作师这样的职业资格，因此，在目前养老服务供给现状下，维持现有的养老服务组织并激励其参与动机，是有助于智慧养老服务发展的。比如，可以通过政府购买方式进行社会组织的参与激励，或者对于有专业社会工作师这样的职业资格的人才给予更好的职业上升通道。

2. 形成多元主体的协调制度

根据智慧养老服务的不同项目细化不同参与主体的业务流程，明确不同数据融合方案下的多主体协同方式和规则，以法律法规的形式进行制度化，有助于明确多主体的业务职责和权限边界。比如，政府与养老机构进行数据共享，在制度化的规定中要明确数据标准格式、数据共享方式以及安全级别等。

（三）建立绩效评估制度

1. 建立评估评级制度

智慧养老服务质量评价的好坏直接影响智慧养老服务平台的可持续性，因此，政府在引导智慧养老服务产业发展时要加快行业标准的制定，尽快出台智慧养老服务的质量评估指标体系。可委托第三方依照评估指标进行评估并进行等级评定，作为智慧养老服务平台企业或委托企业提供服务质量和能力的体现，定期评估并向社会进行公布，有助于养老机构提升服务质量，也有助于老年人知晓养老机构的服务能力，形成合理的服务预期。

2. 建立奖惩退出制度

在建立对养老机构评估评级制度的基础上，政府还需要制定动态监测评级调整制度。对于在定期评估中评级等级提升的养老机构进行资金补贴奖励，而对于评级等级下降的养老机构要求在规定时间内进行整改，依然不达标的可将其撤出智慧养老服务平台的服务名单。通过建立奖惩退出制度可以规范并活跃养老服务市场,有利于养老服务产业的发展壮大。

四、运用区块链技术提升智慧养老服务多元治理水平

运用区块链的公有链、私有链和联盟链三种类型的特点和适用场景,将区块链技术设计融入智慧养老服务平台,以平台为载体来更好地协调养老服务治理中的各参与主体,以实现养老服务多元主体治理的协同增效。

(一)利用区块链"去中心化"来提高养老服务多元主体供给效率

区块链本质上指一种去中心化的、分布式数据库,"去中心化"是其第一显著特点,但区块链"去中心化"程度不同,其对应的区块链架构的类型也不同。养老服务各类相关信息复杂庞大,其安全性与保密性也不尽相同。考虑到政府在养老服务多元治理中应发挥主导作用,可依据信息安全性需要程度不同,建立不同架构的区块链,对不同安全级别的相关养老信息进行区分的、不同程度的开放。通过政府来控制信息的开放程度,以平衡市场组织在养老服务供给中的过度逐利行为,从而促进社会组织、老人及家庭等主体更加积极参与养老服务治理,以此达到智慧养老服务多元主体的治理目标,从而提高养老服务多元主体供给效率。本章节对于私有链、联盟链、公有链三种区块链架构的设计思路借鉴了胡漠、马捷学者对于智慧养老信息区块链架构的研究①。

1.建立养老服务信息私有链以实现主体内部信息高效传递

私有链的架构呈现"弱中心化"的特点,能够满足私有链内部的个人或者组织在通过注册许可后进行信息访问的需求,如政府采集的保密性需求较强、安全级别较高的个人信息,适合通过搭建养老服务信息私有链来满足政府内部多部门的信息使用;如政府在养老服务各项审批业务中,需要对申请人进行身份核查,审批单位可向公民证件信息管理单位进行数据访问申请,来实现内部的数据共享,并强化数据信息的管理。政府部门所掌握的各类涉老信息,往往保密级别较高,是需要对保密级别较高或者具有保密需求

---

① 胡漠,马捷.异构区块链网络视域下智慧养老多元信息协同模式研究[J].图书情报工作,2020,64(7):110—118.

的各种涉老信息限制对外公开的。在政府主体内部建立养老服务信息私有链,可以从区块链架构上限制对市场主体、社会组织等的数据访问,从该层面上抑制市场主体因其过度逐利性而采取的不利于实现养老服务治理目标的行为。养老服务信息私有链分五层设计:数据层、网络层、共识层、合约层、应用层。数据层包含私有链内部可共享的数据,以及私有链的加密方式;网络层P2P对等网络、TCP/IP通信协议与传播协议;共识层主要包含PAXOS和RAFT两种共识算法,能够强调中心节点的合法性,很好地保障传输数据的正确性;合约层包含智能合约脚本、智能合约模板以及法律法规;应用层为私有链内部用于业务处理的相关应用,如公民证件信息共享应用等,养老服务信息私有链见图7-2。

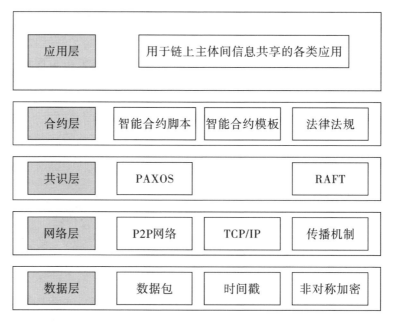

图7-2 养老服务信息私有链

2.建立养老服务信息联盟链以促进主体之间信息协同共享

联盟链的架构呈现出"多中心化"的特点,适用于既需要信息高效流转、共享又需要保障信息安全性的情境。鉴于此,在智慧养老服务多元治理当中,适合选择联盟链的架构来设计区块链。对于政府、市场主体、社会组织、老人及家庭等多元主体在互动的过程中所生成及更新的一般类信息,如养老服务供给的具体内容、时间等信息,养老服务需求评估信息以及养老服务质量评价信息,这些信息能借助养老服务信息联盟链实现在多元主体间进行安全高效的共享,既可以丰富政府对养老服务供给主体的监管信息,又可以促进监管主体多元化,提高治理效能。同时信息合理地在主体间进行共享、流转,也为各个治理主体开展养老服务相关业务提供了信息资源的便利性,利于促进主体间治理目标的协同,提高养老服务多元供给效率。养老服务信息联盟链同样采用与五层架构的设计,共识层采用实用拜占庭容错(PBFT)与授权拜占庭容错(DBFT)两种算法共识机制,因联盟链上的节点主体较多,信息数据传输的效率、安全性以及能耗均有一定的要求,故选用上述两种共识协议来平衡养老服务信息联盟链的效率与能耗,数据层保持链上各主体节点对于养老服务相关信息的录入与更新,应用层开发为链上主体访问信息的各类应用,如养老服务机构完成养老服务递送状况的查询端口,社会组织完成养老服务质量评估结果的查询端口,其他架构层的设计可与上述的养老服务私有链保持一致,养老服务信息联盟链见图7-3。

图7-3　养老服务信息联盟链

3.建立养老服务信息公有链以促进链上信息透明公开

"完全去中心化"的区块链架构表现为公有链,所有人可匿名访问,公开透明是公有链的最大特点。公有链上的信息不强调信息的保密性,反而更加注重信息的共享,极大地强调信息共享的正向性。比如,在智慧养老服务平台融入区块链技术的过程中,可以建立针对老人医疗健康或诊疗康复经验的公有链。用于记录相当部分的老年群体基于自己的医疗经历而拥有的慢性病理疗、康复的宝贵经验,这类信息对于康复的老年群体来讲没有太大的价值,但是对于其他老年群体,如果作为选择参考的话,具有非常好的社会效益。因此,通过养老服务信息公有链的设计,为此类信息的扩散分享建立更为有效的渠道,鼓励老人将自身慢性病的求医、诊治、康复等经验分享出去,对此类信息有需求的人皆可通过匿名访问进行相关信息的获取。对于表达能力受限、设备操作受限的老人,家人可积极辅助其进行经验信息的分享,实现老年人余热的发挥,也是对"老有所用"的积极践行,提升老人参与养老服务多元治理的积极性与参与感。在建立养老服务公有链时,数据层接入老人丰富的医疗经验信息,在共识层采用工作量证明(POW)、权益证明(POS)、委任权益证明(DPOS)、RIPPLE 协议等共识机制。由于养老服务信息公有链做了"完全去中心化"的架构设计,鼓励所有人对于信息的录入与更新,并且不对访问人进行过多限制,需要采用多种共识算法结合使用来为老人医疗经验信息的充分表达提供算力支持,因此在应用层开设各类医疗健康信息查询的相关应用,合约层、网络层与联盟链、私有链保持一致,养老服务信息公有链见图7-4。

需要强调的是,尽管区块链技术的特征是"去中心化",但其与政府在养老服务多元治理结构中占据主导地位、发挥主导作用并不相悖,只是二者论述视角不一①。区块链技术的"去中心化"特征是缘于其分布式存储技术,是以内部记账视角来看待的,而政府在养老服务多元治理中的主导地位,是从区块链外部治理的角度而言的,二者并不矛盾。

---

① 周书楠.区块链进阶的"中心悖论"与政府管理优化[J].领导科学,2020(22):16－19.

　　总之,通过政府主导下不同架构区块链的设立,完善目前智慧养老服务平台的功能设计,通过区别的、不同程度地进行不同类别的信息共享,来达成市场主体、社会组织、老年人及家庭在智慧养老服务多元治理中的目标。对于养老服务治理而言,多元主体必须将公共利益的实现置于首位,要打破被个体利益、局部利益所束缚而形成的集体行动困境,借助区块链技术优势,从技术层面来协调多元主体在养老服务治理中的目标,促进其行为的协同,以实现智慧养老服务多元主体供给效率的提高。

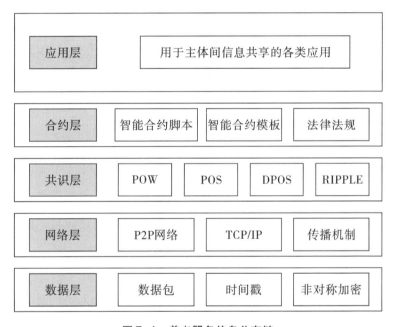

图7-4　养老服务信息公有链

(二)利用区块链"自信任"来促进养老服务信息安全共享

　　在多主体参与的复杂管理活动中,信任关系的建立是关键。区块链所构建的信任关系是建立在技术背书之上的,即用技术驱动传统的"人际信任"向"机器信任"转变。信任关系的建立能更好地强化养老服务各个治理主体间的合作,促进养老服务信息的安全共享,实现养老服务多元主体的协同增效。通过密码学技术、共识机制以及时间戳等技术来保障养老服务信息数据的传输安全性、数据信息的准确一致性、数据信息的不可篡改性,建立养老服务多元主体之间良好的信任关系,促进养老服务信息的安全共享。

1. 密码学技术保障养老服务信息安全

养老服务信息的安全,有赖于区块链的密码学技术来保障对养老服务信息数据的加密存储、传输,养老服务信息的安全性得以技术保障。通过区块链的"自信任"技术特点,促进加强养老服务多元主体之间的信任关系,增强多元主体对信息共享的意愿,有利于养老服务信息的安全共享。在区块链密码学技术中,主要有三种加密技术,分别是对称加密技术、非对称加密技术、哈希(hash)算法。

(1)对称加密技术的"对称"是指加密密钥与解密密钥的对称,也就是说在对称加密技术中加密密钥和解密密钥两者相同,由于在加解密时采用的密钥是一致相同的,所以对称加密技术在实践中的加密解密速度具有明显的优势。

(2)非对称加密是相对于对称加密而言的,也就意味着非对称加密是使用一对不同的密钥来实现加密与解密操作。一般来说双方之间存在访问或者交换数据的需求,那么双方的公钥要进行交换,数据的发送方就可以使用数据接收方的公钥来进行加密,数据接收方就可以通过使用自己的私钥来进行数据的解密。其中公钥可以公开,不需要进行保密处理,私钥需要节点主体自身进行妥善保管。同时,因为所有节点主体的私钥均是唯一的,其他节点主体对于接收到的信息来源的真实可靠性可以通过对方的公钥信息来予以确认、验证。相对而言,非对称加密技术的缺点就是其加解密速度不如对称加密技术。

(3)哈希(hash)算法是一种不可逆的单向算法,该算法可以帮助信息发送方将对所要发送的信息转换成一段特定长度且唯一的 hash 值,但是该 hash 值是不可逆的,即无法直接将 hash 值重新转换成目标信息,因此,此类加密算法常常应用于与密码存储、信息完整性验证等相关的场景。于养老服务多元治理而言,存在着高效共享信息、维护信息安全的需求,同时鉴于信息是在多个主体之间进行流转、共享,因而采用非对称加密算法为主,哈希(hash)算法、对称加密算法为辅的方案,来共同维护实现养老服务信息在共享中的安全性。

在养老服务信息联盟链上,存在着政府、市场、社会组织、老人家庭等多个主体,根据参与信息共享的主体数量来生成对应数量的密钥,并分发同样数量的公钥,由于公钥是可以公开的,治理主体只需保管好自己的私钥即可,如社会组织承接政府购买的养老服务需求评估项目时,社会组织需要获得相关老人信息,政府将相关的信息用社会组织的公钥加密传送给社会组织,社会组织用自己的私钥进行解密获取,极大地降低信息共享时的泄漏风险,促进了信息安全共享。比如,实践中推进的医养结合,医疗数据与养老数据的对接能够为更加高效、精准的养老服务供给提供更加丰富的信息数据基础,在医疗数据中集成了大量的老年人敏感、隐私的数据信息,医疗卫生机构因担心相关养老服务信息在共享时会发生信息泄露而不愿共享,可以通过区块链的密码学技术来予以安全性的保护,有利于形成可信的合作环境。

2.共识机制强化养老服务信息准确一致

区块链的共识机制能够保障数据的不可篡改性,是指链上所有节点对信息的更新进行集体维护,即所有节点共同确认过之后,信息才得以更新并向全网传播,因此区块链的共识机制可以很好地保障链上信息的准确性、一致性。这里须指出的是,保障信息的准确性是强调信息数据上链后不被篡改。对于养老服务信息而言,养老服务信息的更新需要链上所有节点即政府、市场组织、社会组织、老年人及家庭等治理主体的共同维护与共同确认,一致确认通过后才能在链上即平台进行更新及传播。比如,在智慧养老服务平台实践中,老年人通过平台下单助餐服务后,平台下发指令给服务机构来进行助餐服务供给,而该次服务的相关信息如服务申请人、服务配送人、服务供给内容及时间、服务支付价格等信息,一经录入上链后不可篡改,除非遭受51%以上节点的算力攻击,这就能极大程度保障链上信息的一致性、准确性,便于监管主体的监督管理,防止服务供给主体为追求自身利益目标而篡改或遮掩相关信息。

从数据管理的角度看,共同机制很大程度上规制了各个治理主体的行为,减少不合规不合法行为的出现,相应地也减少了该类行为下主体间合作时的利益受损,从而有利于主体间信任关系的建立,强化了链上主体对于自身集成信息共享的意愿与行为,丰富了养老服务多元治理主体在采取协同行为时所需的决策信息。比如,在医疗卫生机构与养老机构的合作方面,共识机制的应用能使得双方都明晰到链上信息是记录主体行为的重要方式,受共识机制规制下的主体是可信的,因而能够促进养老机构与医疗卫生机构进行彼此信息的共享意愿。

3. 时间戳技术提供养老服务信息可溯源

区块链对于信息数据具有"可溯源"的技术特点,主要凭借时间戳技术来予以实现,如前文中所述,时间戳技术是链上数据信息在每次更新的时候加盖一个时间戳并以此标明信息录入的时间,加之链上数据信息的不可篡改性,因此时间戳技术可实现养老服务信息的可溯源。在具体的实践中,养老服务相关信息被录入上链时会加盖一个时间标识,如在医疗护理类服务的供给方面,被记录的老人信息、服务人员信息、服务内容、服务时间等相关信息都会加盖一个时间标识后正式更新到区块链上,并向全网传播,如若发生服务供给不到位或者发生医疗事故时,记录上链的信息可作为重要的监管信息依据以实现更好的追究定责,更为重要的是服务供给中相关信息的记录上链并为链上其他主体共同确认,有利于有效约束服务供给主体修改信息的动机及行为,从而利于创造一个可信的环境。

与此同时,也应重视信息标准的建立与完善,将信息标准明确化、具体化,指导规范相关养老服务信息数据的录入、存储,从制度层面为各类养老服务信息在多元主体之间共享流转进一步肃清障碍。总之,基于融入区块链技术的智慧养老服务平台,利用区块链"自信任"的技术特点,从保障养老服务信息传输安全性、不可篡改性入手,积极发挥区块链密码学技术、共识机制、时间戳技术等技术优势,能够为多元主体治理智慧养老服务创建一个可信的环境,从而推动养老服务各个治理主体进行养老服务信息的安全共享。因养老服务需求的精准识别是养老服务流程的逻辑起点,促进养老服务信息的安全共享,不仅能降低各个治理主体获取所需养老服务信息的成本,更为重要的是能为养老服务需求的精准识别提供充分的信息基础,从而为后续实现高效、精准、多样的智慧养老服务提供可能,基于区块链技术强化主体信任合作示意图见图7-5。

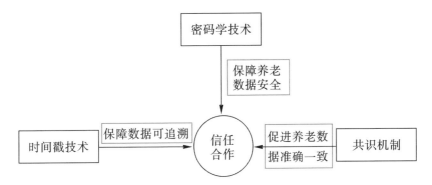

图7-5　基于区块链技术强化主体信任合作示意图

（三）利用智能合约"自治性"来优化养老服务业务流程

技术治理理论认为,技术运用到组织管理当中能够提高管理绩效,而区块链自问世以来不断探索着应用发展。习近平总书记在中共中央政治局第十八次集体学习时提出要充分发挥区块链"优化业务流程"的技术优势。智能合约的"自治性"体现在以技术弥补人工操作在效率上的不足,实现与信息数据筛选、匹配等相关业务的电子化、自动化、高效化处理。因此对于智慧养老服务多元治理业务烦琐的问题,可以借助智能合约的技术优势来予以回应解决。

1.基于养老服务信息共享以缩短业务流程链条

在养老服务治理中所涉及的业务流程链条太长,可借助区块链的技术优势来缩短业务流程。

（1）在简化业务申请材料方面,可通过基于融入区块链技术的智慧养老服务平台来实现安全、高效的信息共享,通过信息共享就可获取到的相关材料,则不必重复提交来缩短业务流程链条。

（2）在老人申请养老服务待遇认证方面,基于前文所述的信息共享,审批单位可使用非对称加密传输的方式来获取相关政府部门所掌握的业务申请人的身份信息,对于已共享到的信息则不必重复提交,这对于申请人尤其是行动不便的老人来说固然是更为简化的申请材料准备,对于审批人员来说也是减少了很多信息对比核查工作,能够有效地提高业务处理的效率。

（3）对于养老机构、社区养老服务中心等建设、运营补贴以及养老护理员岗位补贴等申请,也都可以类似地简化申请材料,不必再重复提交已共享到的相关信息材料,并在已通过审核的材料中,不断丰富申请人的各种信息,并上链存储,下沉为"数字资源",在日后处理相关业务时可以及时调用共享,省去前面的业务流程环节。在社会组织承接政府购买的养老服务需求评估与养老服务质量评估等业务环节中,为得到客观的、科学的、有效的评估结果,社会组织需要获得丰富的相关养老服务信息作为评估依据,如老人及家庭的基本信息、身体状况、经济状况,养老服务供给主体的服务供给状况信息,社会组织同样可以通过链上信息的安全共享来极为便利地获取到开展评估业务所需的相关信息,以缩短社会组织在养老服务需求、养老服务质量方面的评估业务流程链条。在后续的业务流程环节中,审批与结果确认可以通过区块链的智能合约技术来进行重组合并。当养老护理员岗位津贴申请与发放时,以智能合约形式来预设规定岗位津贴的领取标准,对养老护理人员的日常工作等相关信息进行全过程记录并上链存储,智能合约自动匹配链上的信息记录,一旦满足预设的达标条件则立刻确认审批通过,并即刻进行津贴的发放。

2. 利用智能合约加速信息印证

区块链智能合约"自治性"的技术特点对于信息数据的筛选、匹配具有处理自动化、高效化的优势。利用融入区块链技术的智慧养老服务平台,来实现养老服务信息印证、匹配的自动化、高效化,能够弥补人工处理效率低的缺陷,降低人工处理容易产生失误的风险。例如,在政府同其他各主体的互动过程中所存在的资格审查、津贴补贴审批等业务方面,利用智能合约技术,预先以电子化合约形式来编程设立好信息印证或匹配的标准,并将智能合约与实时记录、更新上链的相关信息做匹配,以此来实现审批中数据信息匹配验证的自动化、电子化、高效化。在推进医养结合的实践中,老人的医疗保险相关信息可接入上链,通过区块链技术实现养老数据与医疗数据的共享、对接,老人在医疗卫生机构进行诊断、检查、治疗等过程中产生的一切花销,利于区块链智能合约技术来进行老人在保信息、每笔医疗花销项目、医疗报销标准的查询与匹配。当老人每产生一笔医疗开销时,医疗保险智能合约即刻进行自动匹配,实现老人医疗报销的自动报销、结算。在老人及家庭进行养老服务下单,平台及服务提供方对于老人及其需求信息的确认能够通过智能合约来快速完成,优化业务流程,提高业务处理的效率,以实现更加高效、精准的养老服务供给。

总之,运用区块链技术提升智慧养老服务多元治理水平,从三个方面着手进行,利用区块链"去中心化"来建立不同架构的区块链,以协同多元主体的治理目标,来实现智慧养老服务多元供给效率的提高;利用区块链"自信任"来建立不同主体间的信任关系,强化主体合作,促进政府、市场、社会组织、老人及家庭等多主体间的信息安全共享,为进一步实现更加精准、方便的养老服务供给提供丰富的信息基础;利用区块链智能合约技术"自治性"来优化养老服务业务流程,提高业务处理的效率,促进多元主体在养老服务治理各环节中的衔接,以实现整个智慧养老服务供给效率的提升。

根据上一章所构建的基于养老服务产业发展的社会多元治理模型,以及对于社会养老服务多元主体之间的治理逻辑和治理机制的分析,本章结合河南省的养老服务政策分析、社会养老服务的需求与供给现状,多元主体之间的治理实践分析结果,得出以下结论。

第一,应当构建基于养老服务产业发展的社会多元治理格局。明确政府、社会、市场和家庭在养老服务供给中的职责。要充分发挥政府在社会养老服务多元治理中的引导作用,特别是在完善社会保障体系和加强养老服务的顶层制度设计等政策制度方面的引导作用,强化政府对养老事业的供给兜底作用,发挥对养老服务产业的引导作用;要形成社区等社会组织在社会养老服务多元治理中的信息管理作用,特别是提升社会组织在社会养老服务过程中的自治能力,建立精准化的智慧养老服务平台,培育社会化养老观念;提升市场在社会养老服务多元治理中的供给能力,特别是厘清产业定位完善养老服务产业链,注重培养养老服务专业人才,建立多层次养老服务市场。

第二,应当完善政府引导的社会养老服务政策支撑。注重政策工具均衡,特别是供给型工具内部结构均衡,比如加大示范工程、公共卫生和土地供给等政策供给;注重环境性政策工具的针对性,比如加大金融支持和税收优惠等具有激励效果的政策工具;刺激消费的需求型政策工具严重缺失。

补齐养老服务产业发展的政策短板,注重政策的可操作性,比如,对于养老服务市场组织进行金融支持和税收优惠的具体操作性方案的设计;加强政策发文主体间的协同,比如,从合作网络结构看,涉及养老服务产业的政府部门的协商对话和相互合作严重不足;提升政策力度,比如,政策以指导性、宏观层面的条款居多,涉及多部门之间分工协作的政策较少,并未形成多部门协同支撑政策文件实施。

第三,应当提升市场主导的社会养老服务多元供给。完善养老服务产业链促进养老服务产业生态群形成,制定行业标准促进养老服务规范化与多样化,细分养老服务市场促进社会养老服务供给层次化。

第四,应当构建技术赋能的智慧养老服务多元治理创新。构建多元主体协同的智慧养老服务平台,注重强化平台的公益性与普惠性的设计理念,突出平台的集成性与系统性的资源整合功能;厘清智慧养老服务供给中多元主体的协同机制,注重平台顶层设计形成多元主体协同驱动,整合行动流程形成多元主体的协同行动,重视服务反馈形成多元主体的协同监督;加强多元主体协同的制度保障,注重稳定资金保障投入制度,激励组织协调制度,建立绩效评估制度;运用区块链技术提升智慧养老服务多元治理水平,注重利用区块链的"去中心化"提高养老服务多元主体供给效率,利用区块链"自信任"促进养老服务信息安全共享,利用智能合约"自洽性"来优化养老服务业务流程。

参考文献

［1］郑功成. 中国社会保障发展报告［M］. 北京：人民出版社. 2016.

［2］许耀桐. 政治学［M］. 北京：对外经济贸易大学出版社，2010.

［3］王小春，陈立文. 社会养老服务体系建设研究：以京津冀地区为例［M］. 北京：知识产权出版社，2017.

［4］杨志银，王茜偌，赵果庆，等. 养老服务产业的理论与实践［M］北京：经济科学出版社. 2018.

［5］张园. 供给侧改革视角下我国养老服务产业化模式与路径研究［M］北京：经济科学出版社. 2018.

［6］吴玉韶，党俊武. 老龄蓝皮书［M］. 北京：社会科学文献出版社. 2014.

［7］J. WOLFENDEN. The Future of Voluntary Organizations：Report of the Wolfenden Committee［M］. Croom-Helm，London，1978.

［8］ROSE R. WELFARE. The Public/Private Mix. In S. B. Kamerman & A. J. Kahn（Eds.）the Welfare State［M］. Princeton：Princeton University Press，1989.

［9］JONSON N. Welfare Pluralism：Opportunities and Risks. In A. Ever&I. Svetlik（Eds.）Balancing Pluralism：New Welfare in Care for the Elderly［M］. Aldershot：Avebury，1993.

［10］MAI-BRITH SCHARTAU. The Road to Welfare Pluralism：Old Age Care in Sweden，Germany and Britain［M］. Chile：t IPSA XXI World Congress of Political Science in Santiago，2009.

［11］ROTHWELL R，ZEGVELD W. Reindusdalization and Technology［M］. Longman Group Limited. 1985.

［12］BOURGEOIS-PICHAT J. The economic and social implications of demographic trends in Europe up to and beyond 2000［J］. Population bulletin of the United

Nations,1976(8):34-88.

[13] JONSON N. The Privatization of Welfare [J]. Social Policy & Administration,1989(1):17-30.

[14]陈友华,张子彧.延迟退休对老年人口福利水平的影响研究[J].现代经济探讨,2020(12):24-32.

[15]赵伟.构建老龄化社会治理的多元共治体系[J].人民论坛,2020(Z1):82-83.

[16]董溯战.德国、美国养老社会保障法的比较研究:以国家、社会和市场为视角[J].宁夏社会科学,2005(2):58-62.

[17]林闽钢.中国社会福利发展战略:从消极走向积极[J].国家行政学院学报,2015(2):73-78.

[18]桂雄.当前我国社会养老服务体系建设存在的问题和建议[J].经济纵横,2015(6):100-103.

[19]张园.供给侧改革下养老服务产业化运行机制研究[J].经济研究参考,2018(32):71-79.

[20]邓子纲,雷俊.失能老人长期照护体系建设及产业化的三个维度[J].社会保障研究,2014(4):44-49.

[21]曹立前,尹吉东.供给侧改革下养老服务业发展研究[J].河北大学学报(哲学社会科学版),2018,43(1):105-111.

[22]郭丽娜,郝勇,吴瑞君."互联网+养老服务":O2O 模式的养老服务供需平台构建[J].电子政务,2016(10):17-24.

[23]张博,韩俊江."互联网+"下智慧健康养老服务研究[J].宏观经济管理,2018(12):40-44.

[24]丁建定.作为国家治理手段的中西方社会保障制度比较[J].东岳论丛,2019,40(4):27-33,193.

[25]王桥.我国养老服务业发展进程、存在的问题及产业化之路[J].湘潭大学学报(哲学社会科学版),2015,39(6):29-32.

[26]边恕,黎蔺娴.积极老龄化视角下的我国多维养老服务体系研究[J].辽宁大学学报(哲学社会科学版),2019,47(2):83-91.

[27]杨武.新时代养老服务产业发展机遇及对策研究[J].当代经济管理,
　　2021.43(7):86-90.

[28]黄闯.社会资本参与养老服务发展的动力机制、实践逻辑和路径优化
　　[J].学习与实践,2017(1):96-103.

[29]张新生,王剑锋,张静.我国养老服务产业转型和优化发展的思考
　　[J].湖南科技大学学报(社会科学版),2015,18(3):111-115.

[30]孔微巍,郭宇航.我国养老消费的现状、问题与对策[J].人民论坛·学
　　术前沿,2020(24):116-119.

[31]伍小兰.社会治理视角下养老服务发展路径[J].中国社会工作,2020
　　(20):24-25.

[32]赛明明,张洋洋.行动主义视野下居家养老合作治理模式的路径选择:
　　以北京市为例[J].重庆理工大学学报(社会科学),2018,32(9):93
　　-101.

[33]郝涛,徐宏,岳乾月,等.PPP模式下养老服务有效供给与实现路径研究
　　[J].经济与管理评论,2017,33(1):119-125.

[34]王顺冬,张桂蓉.城市社区养老服务存在的问题及对策研究:基于湖南
　　长沙市的实证分析[J].职业圈,2007(12):8-9,21.

[35]林闽钢,尹航.走向共治共享的中国社区建设:基于社区治理类型的分
　　析[J].社会科学研究,2017(2):91-97.

[36]胡湛,彭希哲.应对中国人口老龄化的治理选择[J].中国社会科学,
　　2018(12):134-155,202.

[37]席恒.养老服务的逻辑、实现方式与治理路径[J].社会保障评论,
　　2020,4(1):108-117.

[38]郭林.中国养老服务70年(1949—2019):演变脉络、政策评估、未来思
　　路[J].社会保障评论,2019,3(3):48-64.

[39]杨立雄,余舟.养老服务产业:概念界定与理论构建[J].湖湘论坛,
　　2019,32(1):24-38,2.

[40]鲍勃·杰索普,漆芜.治理的兴起及其失败的风险:以经济发展为例的
　　论述[J].国际社会科学杂志(中文版),1999(1):31-48.

[41]宋洋.多元治理视角下我国农村老年人社会福利体系构建[J].天津行政学院学报,2016,18(3):61-66.

[42]彭华民,黄叶青.福利多元主义:福利提供从国家到多元部门的转型[J]南开学报(哲学社会科学版),2006(6):40-48.

[43]刘军.产业经济学理论与流派及其在我国的发展[J].纳税,2019,13(8):163,166.

[44]杨立雄,余舟.养老服务产业:概念界定与理论构建[J].湖湘论坛,2019,32(1):2,24-38.

[45]张新生,王剑锋.发达国家居家养老服务产业及其对我国的启示[J].理论导刊,2015(9):79-81.

[46]盛见.我国养老服务产业供需失衡问题及其对策研究[J].中州学刊,2018(11):52-57.

[47]付诚,韩佳均.我国养老服务产业化发展的现实困境与改进策略[J].经济纵横,2015(12):26-31.

[48]王莉莉.新时期我国老龄服务产业发展现状、问题与趋势[J].兰州学刊,2020(10):186-198.

[49]刘宇婧.我国养老服务产业发展现状及政策调整研究[D].湘潭:湘潭大学,2020.

[50]翟萌萌.西安市社区居家养老服务供给的问题与对策研究[D].西安:西北大学,2019.

[51]王莹东.基于公益性特征的PPP模式下养老项目投资研究[D].北京:北京交通大学,2019.

[52]郭敏.扩大开放视角下我国养老服务产业发展对策研究[D].北京:对外经济贸易大学,2019.

[53]吴舒钰.基于政企合作的中国养老服务产业创新发展研究[D].沈阳:辽宁大学,2019.

[54]田梨.产业融合视角下养老地产经济价值提升研究[D].郑州:郑州大学,2019.

[55]姜玉贞.社会养老服务多元主体治理模型建构与分析:基于扎根理论的

探索性研究[J].理论学刊,2019(2):143-151.

[56]张举国."一核多元":多元治理视阈下农村养老服务供给侧结构性改革[J].求实,2016(11):80-88.

[57]郑吉友.农村居家养老服务协同供给体系构建研究[J].广西社会科学,2019(6):73-79.

[58]邢宇斌,张晓杰.社区长期护理服务中多元主体合作供给的困境与优化路径:以上海实践为例[J].太原学院学报(社会科学版),2022,23(1):59-67.

[59]汪三贵,张梓煜.协同赋能:农村失能老人养老服务供给研究[J].湖南农业大学学报(社会科学版),2022,23(1):9-15.

[60]白淑英,刘欣,李欢.社区居家养老服务中多主体协同供给的理论选择[J].牡丹江师范学院学报(社会科学版),2021(6):9-20.

[61]邓柯.区块链技术的实质、落地条件和应用前景[J].深圳大学学报(人文社会科学版),2018,35(4):53-61.

[62]郭上铜,王瑞锦,张凤荔.区块链技术原理与应用综述[J].计算机科学,2021,48(2):271-281.

[63]程晨,张毅,宁晓静,等.国外区块链研究主题及展望[J].电子政务,2018(6):11-21.

[64]黄俊飞,刘杰.区块链技术研究综述[J].北京邮电大学学报,2018,41(2):1-8.

[65]何文炯,王中汉.论老龄社会支持体系中的多元共治[J].学术研究,2021(8):73-80,188.

[66]刘晓梅,陈文斯.日本应对老龄化的多职业联合体系研究[J].财经问题研究,2022(4):100-108.

[67]何强,陈菲,王映红,等.基于政策工具视角的我国老年健康服务业政策分析[J].医学与社会,2020,33(6):47-52.

[68]李晓娣,原媛,黄鲁成.政策工具视角下我国养老产业政策量化研究[J].情报杂志,2021,40(4):147-154.

[69]姚俊,张丽.政策工具视角下中国养老服务政策文本量化研究[J].现代

经济探讨,2018(12):33-39.

[70]张思锋.中国养老服务体系建设中的政府行为与市场机制[J].社会保障评论,2021,5(1):129-145.

[71]汪波,李坤.国家养老政策计量分析:主题、态势与发展[J].中国行政管理,2018(4):105-110.

[72]周付军.政策工具视角下我国信息安全管理政策量化研究:以2003—2021年政策文本为例[J].情报杂志,2023,42(1):174-181.

[73]胡扬名,刘鲜梅,宫仁贵.中国智慧养老产业政策量化研究:基于三维分析框架视角[J].北京航空航天大学学报(社会科学版),2023,36(2):67-77.

[74]时颖惠,薛翔.政策工具视角下我国信息安全政策研究:基于81份政策文本的量化分析[J].现代情报,2022,42(1):130-138

[75]韩烨,沈彤.中国特色养老服务体系建设的逻辑起点与规划远景:从"积极老龄化"到"积极应对人口老龄化"国家战略[J].学习与探索,2021(3):29-35.

[76]毛子骏,刘子灵.基于二维分析框架的中外养老政策文本比较研究[J].社会政策研究,2021(4):35-48.

[77]杨莲秀,胡孔玉.基于内容分析法的我国智慧养老政策分析[J].上海大学学报(社会科学版),2021,38(4):118-127.

[78]赵晓芳.基于二维分析框架的医养结合政策体系研究[J].兰州学刊,2021(6):139-150.

[79]魏敏,乔婷婷,李敏.基于政策工具视角的我国中医药健康服务政策量化分析[J].现代预防医学,2021,48(23):4299-4303.

[80]周建芳,黄兴.中国养老服务政策量化分析[J].中国老年学杂志,2018,38(14):3539-3543.